U0461116

ERP SHAPAN MONI JINGYING SHIXUN JIAOCHENG

ERP 沙盘模拟经营实训教程

主　编　张　晶　罗瑞雪

副主编　余　然　王　梅　姜建军

重庆大学出版社

图书在版编目(CIP)数据

ERP 沙盘模拟经营实训教程／张晶,罗瑞雪主编. --
重庆：重庆大学出版社,2024.1
高职高专经管类专业系列教材
ISBN 978-7-5689-4032-0

Ⅰ.①E… Ⅱ.①张… ②罗… Ⅲ.①企业管理—计算
机管理系统—高等职业教育—教材 Ⅳ.①F272.7

中国国家版本馆 CIP 数据核字(2023)第 195032 号

ERP 沙盘模拟经营实训教程

主　编　张　晶　罗瑞雪
副主编　余　然　王　梅　姜建军
策划编辑:顾丽萍

责任编辑:李桂英　　　版式设计:顾丽萍
责任校对:谢　芳　　　责任印制:张　策

*

重庆大学出版社出版发行
出版人:陈晓阳
社址:重庆市沙坪坝区大学城西路 21 号
邮编:401331
电话:(023)88617190　88617185(中小学)
传真:(023)88617186　88617166
网址:http://www.cqup.com.cn
邮箱:fxk@ cqup.com.cn(营销中心)
全国新华书店经销
重庆华数印务有限公司印刷

*

开本:787mm×1092mm　1/16　印张:11.75　字数:266 千
2024 年 1 月第 1 版　　2024 年 1 月第 1 次印刷
印数:1—3 000
ISBN 978-7-5689-4032-0　定价:41.00 元

⚙ 前　言

随着我国经济的快速发展,生产技术水平的不断提高,我国对高水平技术应用型人才的需求越来越大。党的二十大对高等职业教育的发展做出了明确指示,因而,在我国"十四五"教育规划中,强调职业教育,强调应用型人才的培养。对经管类的学生而言,如何提高在实践中对理论知识的应用能力,是当前许多高职院校实践教学亟待解决的问题。

沙盘作为模拟企业经营的教学工具,将真实企业的主要职能部门集中在真实的沙盘中,把企业搬进课堂。沙盘模拟企业经营是通过仿真模拟手段,把企业经营所处的内外部环境抽象为一系列规则,由学生组成多个相互竞争的模拟企业,通过若干年的经营,使学生在分析市场、制定战略、营销策划、组织生产、财务管理等一系列活动中感受真实的市场环境,把所学的专业知识和经营与实际存在的问题紧密联系起来,从而达到激发学生学习兴趣和创新思维的一种情景式、互动式教学。ERP 沙盘模拟企业经营是基于 ERP 管理思想的企业经营过程中依托约创云平台进行可视化模型的展示。

21 世纪初,ERP 沙盘模拟实训课程开始在我国兴起,从部分高校开设的情况来看,实施效果良好,受到了学生的喜爱。学校开设该课程,可培养学生团队协作精神,提高学生对知识的应用能力,有利于培养创新型、应用型人才,且在一定程度上解决了传统教学体系与实践相脱节的问题。目前而言,该实训课程已成为许多高校经管类专业的重要实践平台。该课程的学习要求学生具有一定的经管类各专业的基本知识,其先行课程包括管理学、战略管理、财务管理等,涉及知识面广。

本书由武汉商贸职业学院教师团队编写,编写团队由有多年教学经验和实际一线教学经验的优秀教师组成。我们在本书的撰写中,针对 ERP 实训涉及的各专业内容,对专业的优质师资进行了整合,合理分工。对 ERP 沙盘模拟经营实训中基于约创云平台的各个管理模块的应用以引导年为例进行了详细系统的介绍,并且充分地梳理了全流程管理和分岗位管理报表数据到财务报表数据之间的逻辑关系,这是本书最大的亮点。

本书共分为四个项目和附录部分。项目部分的内容包括 ERP 沙盘概述、ERP 沙盘基本规则、ERP 沙盘重要规则、ERP 沙盘模拟平台介绍、ERP 沙盘模拟经营——引导年年初经营、ERP 沙盘模拟经营——引导年年中经营、ERP 沙盘模拟经营——引导年年末经营及报表、ERP 沙盘技巧拓展概述、ERP 沙盘经验总结、ERP 沙盘经营案例分析。附录部分包括财务报表和经营报表、ERP 实训报告形式。

本书由张晶老师和罗瑞雪老师负责全书的大纲和统稿工作。具体编写分工为:项目一由罗瑞雪老师编写;项目二由张晶老师编写;项目三由余然老师编写;项目四由王梅老师编写;附录部分由张晶和罗瑞雪老师负责整理;姜建军老师负责全书的技术支持。

本书在编写过程中得到了新道用友股份有限公司武汉分公司的大力支持,在此表示衷心感谢。本书同时参考了其他有关教材,在此向这些教材的原作者表示谢意。由于编者水平有限,书中难免有不足之处,欢迎批评指正。

编　者
2023 年 3 月

⚙ 目 录

项目 1　ERP 沙盘基础

学习任务

　　1.了解 ERP 沙盘模拟运营的基本理论,包括沙盘的含义、起源和作用;ERP 的概念、特点、作用,以及 ERP 的应用;认识企业,了解经营,熟悉企业经营的本质;了解创新创业的现状,掌握创新创业的政策。

　　2.熟悉 ERP 沙盘模拟运营的基本规则,包括模拟企业的组织结构、经营环境,以及基本经营思路;模拟运营操作规则和各评价指标;各个岗位的任职要求和工作职责。

任务 1　ERP 沙盘概述

学习目标

1.了解沙盘的含义、起源和作用。

2.了解 ERP 的概念、特点、作用,以及 ERP 的应用。

3.认识企业,了解经营,熟悉企业经营的本质。

4.了解创新创业的现状,掌握创新创业的政策。

【案例导入】

生活中的 ERP [1]

一天上午,餐厅陈老板接到老顾客黄经理打来的电话:"陈老板,晚上公司同事想到餐厅为公司总经理庆生,可以吗?"(订货意向)

陈老板:"当然可以,有几个人,几点来,想吃什么菜?"

黄经理:"40 多人,开四桌,我们晚上 7 点左右过去,请准备陈绍酒、北京烤鸭、三色拼盘、红烧乌参、清蒸石斑、炖乌骨鸡……你看可以吗?"(商务沟通:产品、数量、交期)

陈老板:"没问题,我会准备好的。"(客户订单确认)

餐厅陈老板记录顾客要求做的菜单[MPS(Master Production Schedule)计划,即主生产进度计划],具体要准备的食材:酒、石斑、乌参、乌骨鸡、姜、调料等[(BOM(Bill of Material)物料清单,即产品结构清单],发现需要:4 条鱼、10 瓶陈绍酒、1 千克乌参、4 只乌骨鸡等(BOM展开),蒸鱼及红烧乌参需要 1 瓶米酒,炖乌骨鸡需要 4 瓶米酒(共享物料)。打开柜子一看(仓库),只剩下 1 瓶米酒(缺料)。

来到菜市场,陈老板:"请问米酒怎么卖?"(采购询价)

杂货店蔡老板:"1 瓶 80 元,半打 460 元,1 打 900 元。"(询价回复)

陈老板:"我只需要 5 瓶,但这次买半打。"(经济批量采购)

当见到那半打米酒,陈老板发现其中一瓶内有杂质:"这一瓶有问题,换一瓶;而且烦请你送到餐厅。"(验收、退货、换货、送货方式)

回到家中,陈老板开始洗菜、切菜、炒菜等(开立工单、制程展开),厨房中有洗菜槽、微波炉、电饭锅、炒菜锅、蒸锅等(工作站、制程)。陈老板发现餐厅员工不熟练,做水果拼盘的雕刻最花时间(瓶颈、关键制程)。水果拼盘可能无法及时完成(产能不足),陈老板决定请对街水果店协助(产品委外制作)。

下午 4 点,电话铃又响,另一位老主顾林董:"陈老板,晚上 7 点帮我准备两桌烧酒鸡,有

1　王泽鹏,彭庆武,郭黎.新编 ERP 沙盘模拟企业经营教程[M].2 版.大连:大连理工大学出版社,2014.有修改。

没有问题？"（紧急客户订单）

　　陈老板："你是老主顾，当然可以，不过晚上 7 点有四桌宴席，你可否延至晚上 7 点半再来，烧酒鸡煮久些会更好吃。"（不能并单处理，协议延迟交期）

　　林董："半小时可以接受，就这样说定了。"（客户确认订单交期）

　　米酒不够了，陈老板打电话叫杂货店再送半打来。（紧急采购）

　　晚上 6 点半，一切准备就绪，可水果拼盘还没送来，陈老板急忙打电话询问水果店："我是陈老板，怎么订的水果拼盘还没送来？"（委外跟催）

　　水果店："不好意思，送货的人刚送出，马上就会到的。"

　　过了三分钟门铃响了："陈老板，这是您要的水果拼盘。请在单上签一个字。"（验收入库、转应付账款）

　　晚上 6 点 45 分，熟客张协理电话："陈老板，我想现在带几个朋友去吃饭可以吗？"（紧急客户订单，要求现货）

　　陈老板："真的非常抱歉！今天需要准备六桌宴席，时间实在是来不及，下次早点说，一定给你们准备好。"（无法如期交货）

　　晚上 7 点，黄经理及林董接连抵达，菜肴陆续上桌。（产品包装、出货）

　　晚上 9 点，宴会结束，宾客离开，黄经理及林董签账后离开。（产品出货后成应收账款）

　　送走了所有宾客后，疲惫的陈老板坐在沙发上对老板娘说："现在咱们餐厅的生意越来越好，六桌已经不够用。我们可否把二楼整修一下，再买三张桌子摆入，可增加营收。"（设备采购、扩充产能、增加营收）

　　老板娘说："家里你做主，需要什么你去买吧。"（通过管理层审核）

　　老板娘说："不过钱可能不够，张经理上周三桌宴席的钱未付，需要去催收。"（应收账款催收）

　　老板娘将结余原材料放回冰箱，再拿着计算器，准确地算出了今天各项菜肴的成本及获利，并记入了日记账。（余料缴回、更新总账）

【相关知识】

1.1.1　沙盘的起源

1）沙盘历史

　　沙盘是根据地形图或实地地形，按一定的比例尺用泥沙、兵棋等各种材料堆制而成的模型。在军事上，它常供研究地形、敌情、作战方案、组织协调动作和实施训练时使用。

　　应用沙盘研究作战情况在我国有着悠久的历史。《史记·秦始皇本记》记载："以水银为百川江河大海，机相灌输，上具天文、下具地理。"秦在部署灭六国时，秦始皇亲自堆制沙盘研究各国地理形势。在李斯的辅佐下，秦始皇派大将王翦进行统一战争。可以说这是最早的沙盘雏形，至今已有 2200 多年历史。

　　《后汉书·马援传》记载：汉建武八年（公元 32 年），光武帝征伐天水、武都一带地方豪强隗嚣时，大将马援"聚米为山谷，指画形势"，使光武帝顿有"虏在吾目中矣"的感觉。这是我国战争史上运用沙盘研究战术的先例。

2）沙盘的发展

19世纪末和20世纪初，沙盘主要用于军事演练，在军事上取得了极大的成功。在第一次世界大战后，沙盘在军事上得到了广泛应用。在第二次世界大战中，德军每次组织重大战役，都预先在沙盘上予以模拟演练。随着电子计算机技术的发展，出现了电脑模拟战场情况的新技术，促使沙盘向自动化、多样化的方向发展。

3）沙盘应用于教学中

1978年，瑞典皇家工学院的Klas Mellan开发出ERP沙盘，之后ERP沙盘模拟演练迅速风靡全球。现在国际上许多知名的商学院（如哈佛商学院、瑞典皇家工学院等）和一些管理咨询机构都在用ERP沙盘模拟演练，对职业经理人、MBA、经济管理类学生进行培训，以期提高他们在实际经营环境中决策和运作的能力。

20世纪80年代初期，该课程被引入我国，率先在企业的中高层管理者培训中使用，并快速发展。21世纪初，用友、金蝶等软件公司相继开发出了ERP沙盘模拟演练的教学版，将它推广到高等院校的实验教学过程中。现在，越来越多的高等院校为学生开设了"ERP沙盘模拟"课程，并且取得了很好的效果，如图1-1所示。

图1-1 沙盘应用于教学

ERP沙盘，也称ERP电子沙盘，是企业资源计划沙盘的简称，也就是利用实物沙盘直观、形象地展示企业的内部资源和外部资源。沙盘在教学中的应用：

全面体验企业经营管理要素、流程与重点的仿真环境；

充分体验、沟通与反思各种与管理相关知识的学习平台；

实现经营管理团队塑造的大熔炉。

1.1.2　ERP 的概述

1）ERP 的概念

ERP(Enterprise Resource Planning)即企业资源计划,是由美国计算机技术咨询和评估集团 Gartner Group Inc 提出的一种供应链的管理思想。它主要是面向制造行业进行物质资源、资金资源和信息资源集成一体化管理的企业信息管理系统。同时它也是一个以管理会计为核心,可以提供跨地区、跨部门,甚至跨公司整合实时信息,针对物资资源管理(物流)、人力资源管理(人流)、财务资源管理(财流)、信息资源管理(信息流)集成一体化的企业管理软件。

企业资源计划是指建立在信息技术基础上,以系统化的管理思想,为企业决策层及员工提供决策运行手段的管理平台。ERP 系统支持离散型、流程型等混合制造环境,应用范围从制造业扩展到了零售业、服务业、银行业、电信业、政府机关和学校等事业部门,通过融合数据库技术、图形用户界面、第四代查询语言、客户服务器结构、计算机辅助开发工具、可移植的开放系统等对企业资源进行了有效的集成。

2）ERP 的特点及内容

①企业内部管理所需的业务应用系统,主要是指财务、物流、人力资源等核心模块。

②物流管理系统采用了制造业的 MRP(Material Requirement Planning,物资需求计划)管理思想;FMIS(Financial Management Information System,财务管理信息系统)有效地实现了预算管理、业务评估、管理会计、ABC 成本归集等现代基本财务管理方法;人力资源管理系统在组织机构设计、岗位管理、薪酬体系以及人力资源开发等方面同样集成了先进的理念。

③ERP 是一个在全公司范围内应用的、高度集成的系统。数据在各业务系统之间高度共享,所有源数据只需在某一个系统中输入一次,保证了数据的一致性。

④对公司内部业务流程和管理过程进行了优化,主要的业务流程实现了自动化。

⑤采用了计算机最新的主流技术和体系结构,如 B/S、Internet 体系结构、Windows 界面,在能通信的地方都可以方便地接入到系统中来。

⑥集成性、先进性、统一性、完整性、开放性。

3）ERP 的作用

（1）企业资源与 ERP

厂房、生产线、加工设备、检测设备、运输工具等都是企业的硬件资源,人力、管理、信誉、融资能力、组织结构、员工的劳动热情等就是企业的软件资源。企业运行发展中,这些资源相互作用,是企业进行生产活动、完成客户订单、创造社会财富、实现企业价值的基础,反映了企业在竞争发展中的地位。

ERP 的管理对象便是上述各种资源及生产要素。通过使用 ERP,企业能及时、高质地完成客户的订单,最大限度地发挥这些资源的作用,并根据客户订单及生产状况调整资源。

（2）调整运用企业资源

企业发展的重要标志便是合理调整和运用上述资源,在没有 ERP 这样的现代化管理工具时,企业资源状况及调整方向不清楚,要做调整安排是相当困难的,调整过程会相当漫长,企业的组织结构只能是金字塔形的,部门间的协作交流相对较弱,资源的运行难以把握和调整。信息技术的发展,特别是针对企业资源进行管理而设计的 ERP 正是针对这些问题设计的,成功推行的结果必然使企业能更好地运用资源。

(3)信息技术对资源管理作用的阶段发展过程

计算机技术特别是数据库技术的发展为企业建立管理信息系统,其至对改变管理思想起着不可估量的作用,管理思想的发展与信息技术的发展是互为因果的。实践证明,信息技术已在企业的管理层面扮演着越来越重要的角色。

信息技术最初在管理上的运用十分简单,主要是记录一些数据,方便查询和汇总,而现在已发展成建立在全球互联网基础上的跨国家、跨企业的运行体系。其粗略可分为五大阶段,如图1-2所示。

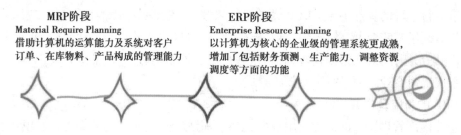

MRP阶段
Material Require Planning
借助计算机的运算能力及系统对客户订单、在库物料、产品构成的管理能力

ERP阶段
Enterprise Resource Planning
以计算机为核心的企业级的管理系统更成熟,增加了包括财务预测、生产能力、调整资源调度等方面的功能

MIS系统阶段
Management Information System
主要是记录大量原始数据、支持查询、汇总等方面的工作

MRP Ⅱ阶段
Manufacture Resource Planning
在MRP管理系统的基础上,系统增加了企业生产中心、加工工时、生产能力、财务等的功能

电子商务时代的ERP
Internet技术的成熟为企业信息管理系统增加与客户或供应商实现信息共享和直接的数据交换的能力

图 1-2　信息技术对资源管理作用的五大阶段

①MIS 系统阶段（Management Information System）。企业的信息管理系统主要是记录大量原始数据、支持查询、汇总等方面的工作。

②MRP 阶段（Material Require Planning）。企业的信息管理系统对产品构成进行管理,借助计算机的运算能力及系统对客户订单、在库物料、产品构成的管理能力,实现依据客户订单,按照产品结构清单展开并计算物料需求计划,实现减少库存、优化库存的管理目标。

③MRP II 阶段（Manufacture Resource Planning）。在 MRP 管理系统的基础上,系统增加了对企业生产中心、加工工时、生产能力等方面的管理,以实现计算机进行生产排程的功能,同时也将财务的功能囊括进来,在企业中形成以计算机为核心的闭环管理系统,这种管理系统已能动态监察到产、供、销的全部生产过程。

④ERP 阶段（Enterprise Resource Planning）。进入 ERP 阶段后,以计算机为核心的企业级的管理系统更为成熟,增加了包括财务预测、生产能力、调整资源调度等方面的功能,配合企业实现 JIT(Just In Time,准时制生产方式)管理、全面质量管理和生产资源调度管理及辅助决策的功能,成为企业进行生产管理及决策的平台工具。

⑤电子商务时代的 ERP。互联网技术的成熟为企业信息管理系统增加与客户或供应商实现信息共享和直接的数据交换的能力,从而强化了企业间的联系,形成共同发展的生存链,体现企业为达到生存竞争的供应链管理思想。ERP 系统相应实现这方面的功能,使决策

者及业务部门实现跨企业的联合作战。

4）ERP 的应用解析

目前,在我国,ERP 所代表的含义已经被扩大,用于企业的各类软件已经统统被纳入 ERP 的范畴。它跳出了传统企业边界,从供应链范围去优化企业的资源,是基于网络经济时代的新一代信息系统。它主要用于改善企业业务流程,以提高企业核心竞争力。

ERP 将企业所有资源进行整合集成管理,简单地说是将企业的三大流,即物流、资金流、信息流进行全面一体化管理的管理信息系统。它的功能模块已不同于以往的 MRP 或 MRP II 的模块,它不仅可用于生产企业的管理,而且在许多其他类型的企业如一些非生产、公益事业的企业也可导入 ERP 系统进行资源计划和管理。

在企业中,一般的管理主要包括三方面的内容:生产控制(计划、制造)、物流管理(分销、采购、库存管理)和财务管理(会计核算、财务管理)。这三大系统本身就是集成体,它们互相之间有相应的接口,能够很好地整合在一起来对企业进行管理。另外,要特别一提的是,随着企业对人力资源管理重视的加强,已经有越来越多的 ERP 厂商将人力资源管理纳入了 ERP 系统的一个重要组成部分。

ERP 沙盘同 ERP 一样涵盖了企业运营的各个关键环节,如战略规划、资金筹集、市场营销、产品研发、物资采购、设备投资与改造、财务核算与管理等。

1.1.3　企业模拟认知

1）认识企业

企业一般是指以营利为目的,运用各种生产要素(土地、劳动力、资本、技术和企业家才能等),向市场提供商品或服务,实行自主经营、自负盈亏、独立核算的法人或其他社会经济组织。

在商品经济范畴内,作为组织单元的多种模式之一,按照一定的组织规律,有机构成的经济实体,一般以营利为目的,以实现投资人、客户、员工、社会大众的利益最大化为使命,通过提供产品或服务换取收入。它是社会发展的产物,因社会分工的发展而成长壮大。企业是市场经济活动的主要参与者;在社会主义市场经济体制下,各种企业并存共同构成社会主义市场经济的微观基础。企业存在三类基本组织形式:独资企业、合伙企业和公司,公司制企业是现代企业中最主要的最典型的组织形式。

现代经济学理论认为,企业本质上是"一种资源配置的机制",其能够实现整个社会经济资源的优化配置,降低整个社会的"交易成本"。

（1）股东与经营者

一般来说,公司应该包括股东和经营者,而且他们的目标应该并不是完全一致的。在公司运营中,公司必须按照股东的意愿发展——改变公司经营方向的事,必须经董事会批准;经营管理者必须对结果负责;经营者必须有明确的、可以操作的经营目标。

（2）如何注册公司

第一步:核准名称。

确定公司类型、名字、注册资本、股东及出资比例后,可以去工商局现场或线上提交核名申请。1~3个工作日,核名通过,失败则需重新核名。

第二步:提交材料。

核名通过后,确认地址信息、高管信息、经营范围,在线提交预申请。在线预审通过之后,按照预约时间去工商局递交申请材料。5~15个工作日后收到准予设立登记通知书。

第三步:领取执照。

预约当天携带准予设立登记通知书、办理人身份证原件,到工商局领取营业执照正、副本。

第四步:刻章及其他。

1~2个工作日,凭营业执照到公安局指定刻章点办理公司公章、财务章、合同章、法人代表章、发票章。至此,一个公司注册完成,如图1-3所示。

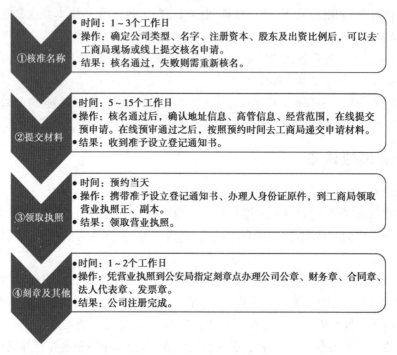

图1-3　注册公司的流程

（3）经营公司的目标

企业经营目标,是在一定时期企业生产经营活动预期要达到的成果,是企业生产经营活动目的性的反映与体现。每家公司的经营目标各不相同,概括来说,基本为盈利、存续、发展。

2) 了解经营

企业持续发展要做的就是"经营管理"。

企业经营管理是对企业整个生产经营活动进行决策、计划、组织、控制、协调,并对企业成员进行激励,以完成其任务和实现最终目标的一系列工作的总称。

对"经营"和"管理"可以这样理解,企业所有业务活动都会包括"经营"和"管理"这两个主要环节。"经营"是指企业进行市场活动的行为,主要完成企业和外界的"交易"活动

（即资源换资源的活动）；"管理"是指企业理顺工作流程、发现问题的行为，使资源使用更有效率。

经营是对外的，追求从企业外部获取资源和建立影响；管理是对内的，强调对内部资源的整合和建立秩序。经营追求的是效益，要资源，要赚钱；管理追求的是效率，要节流，要控制成本。经营是扩张性的，要积极进取，抓住机会，胆子要大；管理是收敛性的，要谨慎稳妥，要评估和控制风险。

经营者的原则：

①必须按照股东的意愿发展，改变公司经营方向的事，必须经董事会批准；

②经营管理者必须对结果负责；

③经营者必须有明确的、可以操作的经营目标。

3）企业经营的本质

（1）资本

资本的构成有两个来源：负债和股东权益，如图 1-4 所示。

负债：一个是长期负债，一般是指企业从银行获得的长期贷款；另一个是短期负债，一般是指企业从银行获得的短期贷款。

股东权益：一般是指企业创建之初，所有股东的集资。以后也代表股东投资。

在企业筹集了资本之后，进行采购厂房和设备，引进生产线、购买原材料、生产加工产品等活动，余下的资本（资金），就是企业的流动资金了。

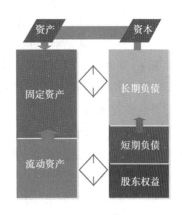

图 1-4　资本的构成

可以这么说：企业的资产就是资本转化过来的，而且是等值地转化。所以在财务的资产负债表中，左边与右边一定是相等的，即资产＝负债＋所有者权益。

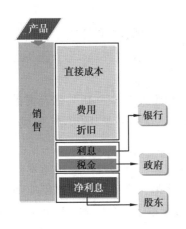

图 1-5　企业利润的来源

（2）利润来自销售

企业的利润来自销售，如图 1-5 所示，具体包括：

①抵扣直接成本：原料采购、工人工资、加工费用等。

②抵扣费用：产品研发费用、广告费、市场开拓费、设备维修费等。

③抵扣折旧：资产缩水与资本转换成资产的价值产生了差额，这部分损失应当从销售额中得到补偿，也就是销售额中应当抵扣的部分。

利润＝销售－直接成本－费用－折扣

利息：回报银行，归属银行

税金：回报国家，归属国家

净利润：回报股东，归属股东

1.1.4　创新创业认知

1）创新创业概述

（1）创新创业的内涵

在市场经济环境下，创新的范围比较广泛，它可以是产品创新、技术创新，也可以是管理创新、营销创新等。而创新创业是以创新为前提的创业活动，即创业活动集中在一点创新或多点创新，强调创业活动的原创性和开拓性。传统创业则不具备这一点。创新创业的最终目标是获得比传统创业更好的社会利益和经济利益。

（2）创新创业的特点

第一，高风险。创新创业需要建立在创新的基础上，创新是创新创业区别于传统创业的一个显著特点。在创新的过程中，一些新事物、新思维、新方法等，从出现到被人们所接受，需要一定的周期和时间，当人们对某个创新表示怀疑甚至否定的时候，就会阻碍创新创业的发展，这将会使创新创业面临许多比传统创业更加多样、更加复杂的风险。

第二，高回报。创新创业的创新点主要集中在技术创新、产品创新、服务创新等方面，一方面继承了传统创业的部分模式，另一方面也融入了更多有助于提高工作效率、实现资源优化配置的新技术、新方法等。一旦获得成功，那么创新创业带来的将会是某个领域生产方式的重大变革，将会创造更多、更大的价值，也会带来更加可观的利益，创新创业的主体也会在激烈的市场竞争中获取更多的竞争优势。

2）创新创业现状

国际经济合作与发展组织对其成员经济发展的历史研究表明：当一个国家投入创新的资源（如研发经费）占 GDP 的比重达到 1%～2% 时，社会创新创业活动会特别活跃。这个阶段被称为科技起飞阶段。达到这个阶段后，创新创业活动会在社会中普遍扩散，创业活动会带动众多普通人参与其中，创业企业规模将迅速扩张。从 20 世纪 50 年代开始，美国、中国、日本、韩国以及欧盟等先后经历过科技起飞阶段。2013 年，我国科研经费占 GDP 比重首次突破 2%。

全球创新指数（Global Innovation Index）从 2007 年开始追踪全球各国的创新活动活跃程度，中国近年排名逐年上升，2017 年排名第 22 名，成为第一个进入全世界前 25 个创新经济体的中等收入经济体。

2014 年夏季达沃斯论坛上，李克强总理第一次提出"大众创业、万众创新"，强调要借改革创新的"东风"，在 960 万平方公里的土地上掀起"大众创业""草根创业"的浪潮，形成"万众创新""人人创新"的新态势。

技术研发的活跃使我国拥有了庞大的研发工程师队伍，创业活动的技术基础越来越坚实。此外，我国研究人员、专利申请、科技出版物数量均列全球第一。与其他国家创业活动相比，中国创业活动有"三高"的特征：活跃度高；增长预期高；受本土机会驱动程度高。中国俨然已成为全球创新和创业的新热土。

3）创新创业案例

目前来看，创业项目的发展可分为两类：被大集团收购和继续独立发展。

案例一：粤科软件

广东粤科软件工程有限公司(简称"粤科软件")是一家为票务及电影行业提供整体解决方案的互联网公司,目前是国内最大的影院出票系统提供商之一,其核心业务包括影院票务销售管理、连锁管理、电子票务平台、移动购票应用,以及为第三方(电商平台)设置接入平台及自动放映系统等平台化产品。截至当前,粤科软件为国内 30 多家第三方影院电商提供接口。

2015 年 4 月 21 日,阿里巴巴影业集团(简称"阿里影业")宣布,以 8.3 亿元人民币现金收购粤科软件。

阿里影业称,粤科软件和阿里影业在资本层面上的融合,将会使院线直接对接阿里集团现有的用户群体,创造电商与电影的更多合作空间,为院线带来更多收入来源,在大数据基础上用互联网手段为全行业提供有效而广泛的开放性平台化服务。

解析：

收购粤科软件这一步棋的玄机有哪些?

特许经营,"进场费"收入稳健。从 2014 年掀起市场风暴的在线选座商们的购票端口,均是由售票系统供应商来提供接入服务——就像超市的进场费一样,因为底层售票系统的牌照壁垒,这里的特许经营收入在在线选座不断刷新票房纪录的时候,其实也是在源源不断地给底层售票系统提供商提供利润。粤科软件官网介绍,该公司为国内 30 多家第三方影院电商提供接口,包括"QQ 电影票"、"微信电影票"、支付宝、时光网、格瓦拉电影、网票网、猫眼电影、中国移动"无线城市"、中国电信"电影院线通"。

触达院线、影院经营的核心技术和秘密。影院售票系统几乎掌握着院线、影院的全部商业秘密——排片信息、价格体系、会员数据、卖品收入。粤科软件不仅仅触达了影院售票系统,它几乎涵盖了目前在影院运营所涉及的全部软件系统,其官网内所标榜的数个"第一"足可想象阿里影业 8.3 亿元买到了怎样充沛的关于影院这门生意的核心技术和秘密。

中小院线、影院电商化的解决方案,虚拟院线的实体化。淘宝电影在阿里影业内部的定位是虚拟院线,在没有粤科软件之前,这条虚拟院线的能量只停留在票房销售网络和影片营销窗口的层面上,但若借助粤科软件的技术黏性笼络住院线行业的中下游厂商们,从而结结实实构建起一条实体化的虚拟院线——以电商化为纷繁的中小院线创造营业收入,让他们活得越来越好的同时,以信息化整合并不统一的中小院线们,在阿里影业的统一指挥下冲锋陷阵,构建起虚拟院线的战斗力。

案例二：快看漫画

快看漫画是一款免费手机漫画软件,拥有舒适的条式阅读模式及海量国内外漫画。快看漫画致力于推动中国漫画产业,打造优质漫画 IP,构建以出版、游戏、影视为主的产业链发展模式。

2017 年 12 月初,快看漫画完成了 D 轮 1.77 亿美元融资,整个融资流程还算顺利。完成融资的那一瞬间是这一年我印象最深的时刻。由于这笔融资金额是行业内最高的,我突然意识到公司到了一个新台阶。后面不只是做自己的事这么简单,我们还有责任,要思考怎么让行业变得更好。

这正好是个契机,给了我们内部一次比较深刻的反思机会。除了总结过去做得好与不好的地方,核心团队成员们也一起探讨了一个问题——快看漫画要做成怎样的一家公司。

由于快看漫画在在线漫画行业处于领先位置,在很多问题上我们扮演着先行者的角色。比如国内还没有出现所谓的国民级IP,有些基本行业规则可能也没有完善。对快看漫画来说,在这些领域,我们要去做第一个吃螃蟹的人。这也是过去一年里我遇到的最大挑战——我们没有可以模仿借鉴的对象,很多事情都需要自己去摸索解决。

在这样的背景下,我觉得能否往前走,就要看团队是否用心了。毕竟很多事情考验的已不是具体的技能,而是看做事的人是不是用心做原创,有没有足够的使命感。所以我们招人也会选择有使命感的人。相比具体技能,我们更看重一个人是不是热爱漫画这个领域。

解析:

快看漫画未来要保持这种领先的位置,核心还是优秀内容的生产能力。接下来最重要的是要让中国的漫画生态建立起来。这里面有很多点,包括参与到漫画培育的过程中,培养新人;建立针对作者的经纪人和服务体系,帮助作者解决好他的福利问题、工作环境问题;在制作环节帮助作者一起去创造更好的内容。这些都是非常重要的,也是快看漫画要做的事。

最近几年,行业里经常提IP开发。我觉得还是要回到那句老话,上游的建设是最重要的。如果没有好的内容,去做IP衍生意义其实不大。对快看来说,做IP衍生,第一要精品化,不能为了衍生IP而做一大堆开发。在整个过程里,关键是有没有最好的内容,最适合去做IP化的内容,这是打造IP过程中的要点。追本溯源,我们会在构建内容创作者生态方面持续努力,去培养中国最优秀的漫画作者。

未来,快看漫画会专注漫画领域,往下游发展,把好的漫画做成衍生的动画、电影和电视剧。

【任务评价】

表 1-1 "ERP 沙盘概述"任务评价表

任务编号	1-1	任务名称	ERP 沙盘概述	课程名称	ERP 沙盘模拟运营实训
技能点与思政元素		评价指标			评价权重/%	评价得分（百分制）
		A	B	C		
专业技能	任务计划制订	任务计划合理,准备充分,实施过程中有详细的记录	任务计划合理,准备较充分,实施过程中有记录	任务计划较合理,准备较充分,实施过程中记录不全	20	

续表

技能点与思政元素		评价指标			评价权重/%	评价得分（百分制）
		A	B	C		
专业技能	任务实施结果	在规定的时间内完成任务,较好地理解了沙盘、ERP、企业经营、创新创业的知识	在规定的时间内完成任务,掌握大部分沙盘、ERP、企业经营、创新创业的知识	在规定的时间内完成任务,掌握一部分沙盘、ERP、企业经营、创新创业的知识	40	
	实训报告	能完整地总结任务的开始、过程、结果,认真总结分析完成情况	能较完整地总结任务的开始、过程、结果,分析完成情况	能总结任务的过程、结果和完成情况	20	
课程思政	纪律	不迟到,不早退,中途不离开任务实施现场	不迟到,不早退,中途离开任务实施现场的次数不超过一次	有迟到或早退现象,中途离开任务实施现场的次数不超过两次	5	
	实训环境整理	严格按照实训场所规范操作,操作完成后主动做好现场清理工作,态度认真	能够按照实训场所规范操作,操作完成后做好现场清理工作,态度认真	基本按照实训场所规范操作,操作完成后做好现场清理工作	5	
	团队协作	配合很好,积极主动完成分工职责,认真完成任务	配合较好,能够按照组长的安排完成任务	能够与同学配合完成任务	5	
	语言能力	积极参与沟通,回答问题,条理清晰,声音洪亮	主动参与沟通,回答问题,条理较清楚,声音较大	能够参与沟通,回答问题,声音清晰	5	

任务评价总体成绩:_____

评价教师签字:_____

日　　　期:_____

任务 2　ERP 沙盘基本规则

学习目标

1.了解模拟企业的组织结构、经营环境,以及基本经营思路。

2.熟悉模拟运营操作规则,掌握各评价指标。

3.熟悉各个岗位的任职要求,明确各自的工作职责。

【案例导入】

吉列公司市场调查的成功案例

男人长胡子,因而要刮胡子;女人不长胡子,自然也就不必刮胡子。然而,美国的吉列公司却把"刮胡刀"推销给女人,还大获成功。

吉列公司创建于 1901 年,其产品因使男人刮胡子变得方便、舒适、安全而大受欢迎。20世纪 70 年代,吉列公司的销售额已达 20 亿美元,成为世界著名的跨国公司。然而吉列公司的领导者并不满足,而是想方设法继续拓展市场,争取更多用户。就在 1974 年,吉列公司提出了面向妇女的专用"刮毛刀"。

这一决策看似荒谬,却是建立在坚实可靠的市场调查的基础之上的。

吉列公司先用一年的时间进行了周密的市场调查,发现在美国 30 岁以上的妇女中,有65%的人为保持美好形象,会定期刮除腿毛和腋毛。这些妇女除使用电动刮胡刀和脱毛剂之外,主要靠购买各种男用刮胡刀来满足此项需要,她们一年在这方面的花费高达 7 500 万美元。相比之下,美国妇女一年花在眉笔和眼影上的钱仅有 6 300 万美元,染发剂 5 500 万美元。毫无疑问,这是一个极有潜力的市场。

根据市场调查结果,吉列公司精心设计了新产品,它的刀头部分和男用刮胡刀并无两样,采用一次性使用的双层刀片,但是刀架选用了色彩鲜艳的塑料,并将握柄改为弧形以利于妇女使用,握柄上还印压了一朵雏菊图案。这样一来,新产品立即显示出了女性的特点。

为了使雏菊刮毛刀迅速占领市场,吉列公司还拟定了几种不同的"定位观念"到消费者之中征求意见。这些定位观念包括:突出刮毛刀的"双刀刮毛";突出其创造性的"完全适合女性需求";强调价格的"不到 50 美分";以及表明产品使用安全的"不伤玉腿"。

最后,公司根据多数妇女的意见,选择了"不伤玉腿"作为推销时突出的重点,刊登广告进行宣传。结果,雏菊刮毛刀一炮打响,迅速畅销全球。

这个案例说明,市场调查研究是经营决策的前提。只有充分认识市场,了解市场需求,对市场做出科学的分析判断,决策才具有针对性,从而拓展市场,使企业兴旺发达。

【相关知识】

1.2.1 模拟企业概况

1）企业组织结构

企业经营管理涉及企业战略的制定与执行、市场营销、采购与生产管理、财务管理等多项内容。在企业中，这些职能分别是由不同的业务部门履行的，企业经营管理过程也是各种职能部门协同工作、共同努力，最终实现企业目标的过程。所谓企业的组织结构，就是组织内部对工作的正式安排。

狭义的组织结构，是指为了实现组织的目标，在组织理论指导下，经过组织设计形成的组织内部各个部门、各个层次之间固定的排列方式，即组织内部的构成方式。广义的组织结构，除了包含狭义的组织结构的内容外，还包括组织之间的相互关系类型，如专业化协作、经济联合体、企业集团等。

近年来，对于企业竞争优势的关注开始集中于组织内部结构和组织行为。有研究机构提出企业竞争力和竞争优势的核心不是依赖于拥有特定的组织资源或能力，这些通常可能被其他公司模仿或购买。伯特咨询的研究也指出，竞争优势来源于组织内部运行机制，它确保企业经营的不同方面得以协调，如它的市场范围、技能、资源和程序。企业可以被视为其构成要素相互依赖的系统，所有的要素都必须在市场中保持协调一致。正是这些要素复杂而模糊的互补关系及组织协调战略目标的能力和执行的程度，给了企业一些特殊的、难以完全模仿的能力，形成了组织竞争优势的来源。

企业 ERP 沙盘模拟运营课程，采用了简化企业组织结构的方式，企业组织由几个主要角色代表，包括企业首席执行官（总经理）、财务总监、生产总监、采购总监和销售总监。模拟企业的组织结构如图 1-6 所示。

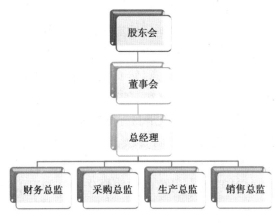

图 1-6 企业组织结构

2）企业经营环境

ERP 沙盘作为企业运营管理的道具，系统性地体现出企业的主要业务流程，旨在向学员介绍模拟企业当前的生产设施和生产过程、财务资金运转过程、市场营销和产品销售、原材料供应、产品研发等经营状况。

企业 ERP 沙盘模拟运营课程基础背景设定为一家处于创业期的生产制造型企业,此课程将参加训练的学员分成若干组,每组 5 人,每组各代表不同的一个虚拟公司。若干个公司是同行业中的竞争对手。他们从先前的管理团队中接手企业,在面对来自其他企业(其他学员小组)的激烈竞争中,将企业向前推进、发展。

为了避免学生将该模拟企业与他们所熟悉的行业不经意地产生关联,本实训平台将生产制造的产品设定为一个虚拟的产品,即 P 系列产品:P1、P2、P3、P4 和 P5。该企业长期以来一直专注于某行业 P 产品的生产与经营。

最近,一家权威机构对该行业的发展前景进行了预测,认为 P 产品将会从目前的相对低技术水平发展为一个高技术产品。为了适应技术发展的需要,公司董事会及全体股东决定将企业交给一批优秀的新人(模拟经营者)去发展,他们希望新的管理层能在面对来自其他企业(其他学员小组)的激烈竞争中,将企业向前推进、发展。具体完成以下工作:

①开发新产品,使公司的市场地位进一步得到提升。

②开发新市场,进一步拓展市场领域。

③扩大生产规模,采用现代化生产手段,努力提高生产效率。

④制定企业发展战略,包括确定何时开始研发何种产品,确定何时开始开拓哪个市场等。

⑤研究在信息时代如何借助先进的管理工具提高企业管理水平。

⑥增强企业凝聚力,形成鲜明的企业文化。

⑦加强团队建设,提高组织效率。

简而言之,随着 P 行业从一个相对低技术水平发展到一个相对高技术水平,新的管理团队必须创新经营、专注经营,实现公司董事会及全体股东的期望,取得良好的经营业绩。

3)基本经营思路

目前,国家经济状况发展良好,消费者收入稳步提高,该企业所在行业将迅速发展。然而该企业生产制造的产品几乎全部在本地区域市场进行销售,董事会和股东认为可以在本地市场以外的国内甚至国外市场进行发展,董事会希望新的管理层去开发这些市场。同时,产品 P 在本地市场知名度很高,客户很满意,然而要保持市场地位,特别是进一步提升市场地位,企业必须投资新产品开发,目前已存在一些处于研发中的新产品的项目。在生产设施方面,目前的生产设施状态良好,但是在发展目标的驱使下,预计必须投资额外的生产设施。具体方法可以是建新的厂房或将现有的生产设施现代化。

企业 ERP 沙盘模拟运营课程通过总经理(CEO)、财务总监(CFO)、生产总监(CPO)、采购总监(CSO)、销售总监(CMO)五个岗位的协同合作,各司其职,接收并运作一个生产型企业。

以生产、销售为核心,对公司进行 4~6 年期的经营规划:

①通过投放广告、开发 ISO 资质、开发市场准入促进产品销售;

②通过投资厂房、合理简化生产线、开发产品资质保证产品符合市场要求,提高产量;

③通过对资金的合理分配进行企业的运营。

在企业运营中,各岗位的职责关系如图1-7所示。

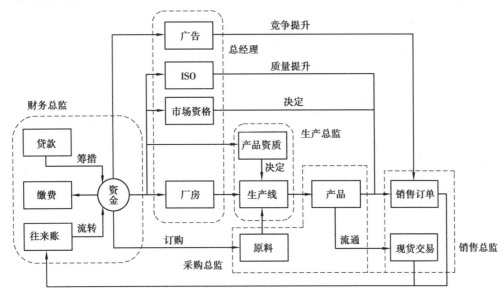

图 1-7　各岗位职责逻辑关系

1.2.2　模拟运营基本规则

1)操作模式及经营时间

（1）分岗协同操作模式

在企业 ERP 沙盘模拟运营实训中,5 位同学为一组,组成多个相互竞争的模拟管理企业,每个小组的成员分任总经理（CEO）、财务总监（CFO）、生产总监（CPO）、采购总监（CSO）、销售总监（CMO）,连续模拟企业 4~6 个会计年度的经营活动。

企业经营模拟互联网电子沙盘采用团队协同方式运行,每家模拟公司由 5 个岗位（总经理、采购总监、生产总监、销售总监、财务总监）组成,各岗位通过 PC 终端线上独立操作,并进行作业,各司其职,公司依靠各岗位的协同运作,完成所有经营决策和运作活动。每家虚拟公司都被预设一个相同的初始状态,每组成员根据市场需求的预测和竞争对手的动向,决定公司的产品、市场、营销、融资及生产等各方面的短、中、长期规划和经营策略。

（2）经营时间

企业 ERP 沙盘模拟运营分为 4 年或 6 年,本课程将模拟该企业 6 年的经营。其中一年分为 3 个阶段“年初”“年中”“年末”。3 个阶段的操作不重叠,每年运行总时间为 85 分钟,具体每年运行过程的子阶段时间分配如表 1-2 所示。

“年初”:20 分钟,共分为 3 个阶段,广告投放、第一轮选单、第二轮选单。

“年中”:60 分钟,共 4 个季度,12 个月的经营,每季度 15 分钟。

“年末”:5 分钟,用于报表填写。

表 1-2　每年阶段功能的时间分配表

经营进程	运行启动	年初阶段	年中阶段	年末阶段
年初广告	自动	5 分钟	×	×
第一轮选单	自动	10 分钟	×	×
第二轮选单	自动	5 分钟	×	×
第一季度	自动	×	15 分钟	×
第二季度	自动	×	15 分钟	×
第三季度	自动	×	15 分钟	×
第四季度	自动	×	15 分钟	×
商业情报收集,报表审核上报	自动	×	×	5 分钟

其中:

表示"经营进程"在本阶段是禁止使用的。

每阶段的时间表示"经营进程"允许操作的时间,超过这个时间,该功能自动关闭。

2)操作规则

(1)年初时段自动限时运行规则

"年初时段"总时间是 20 分钟,用于参加当年各市场的促销广告的投放、销售订货会、市场和 ISO 资质的研发投资以及制订本年经营计划等活动。具体任务及限定时间如表 1-3 所示。

表 1-3　年初时段任务清单

任务清单	岗位	促销及计划 (5 分钟)	第一轮申请订单 及分配 (10 分钟)	第二轮申请订单 及分配 (5 分钟)
投放促销广告	总经理	√	×	×
市场资质 ISO 投资	总经理	√	√	√
申请销售订单	全岗	×	√	√
生产线预配	生产、采购	√	√	√
贴现	财务	√	√	√
申请调拨资金	全岗	√	√	√

(2)促销广告及计划时段的操作规则

①促销广告的操作规则。

促销广告的目的是提升该市场中本企业的"企业知名度"排名,订单是按照申请者的"知名度"排名顺序进行分配的。"企业知名度"排名靠前的公司,更容易被分到申请的产品数量。

投放促销广告的操作规则如下：

投放促销广告只能在年初一开始 5 分钟规定的时间内进行，第一次申请订单时段开始时，禁止促销广告投放。

投放促销广告分市场投放，每个市场投放的广告只影响本市场当年的企业知名度排名。

②第一次申请订单的操作规则。

所有市场的所有产品均可同时按订单申请产品数量，即选择一张订单，填写需要获取的产品数量，然后点击"申请"按钮提交申请，申请产品的数量将被显示在订单表的"申请数"栏中。

所有岗位都可以进行任何市场的订单申请，系统只更新接受最后一次点击"申请"的数量，数额不累加，以最后一次的数量为准。

点击"申请"时，仅对本市场的所有订单的申请数量进行更新，清除某张订单的申请数时，只需将该订单的申请数填为"0"，然后点击"申请"即可。

第一次申请时间结束后，系统将进行第一次订单分配，即每张订单按照申请公司的企业知名度排名顺序，依次进行分配，直到该订单的产品需求总数量为"0"，或者分配完全时，本张订单的分配结束，开始下一张订单的分配操作。企业知名度排名靠后的公司，将存在拿不到或拿不足自己申请订单数量的风险。

③第二次申请订单操作规则。

第一次未分配完的产品订单将在第二次申请时段显示，已经分配完的订单不再出现在可选订单中。

其余的操作与第一次申请一样，直到第二次申请时间结束，系统自动进行第二次订单分配。

（3）年中时段运行操作规则

①年中运行采用虚拟逐天运行的方式，30 天为一个月，3 个月为一季度，4 个季度为一整年的虚拟运行时间。

a."第一季度"：1 月 1 日—3 月 30 日。

b."第二季度"：4 月 1 日—6 月 30 日。

c."第三季度"：7 月 1 日—9 月 30 日。

d."第四季度"：10 月 1 日—12 月 30 日。

②年中运营采用区段（季度）限定、日期自选的方式。每季度运行时间限制在 15 分钟，15 分钟自动换季，即第一季度结束后系统自动跳至第二季度，第一季度三个月的事情将不能再进行操作。

③在每季区段内，各家企业可以自主在一个月内选择经营日期进行操作，如 1 月 1 日、1 月 21 日、1 月 30 日……允许跳选日期操作，但时间只能往前走，即只能向前跳选日期，禁止回退。

④在一个季度中，可以自行结束每个月的操作，进入下个月选日期操作，但每季度最后一个月，只能等待统一的季度结束时间，不能自主跳到下一个季度。

⑤选择日期只能由总经理操作。

⑥跳过的日期中如有没有完成的操作,系统会自动根据选定的日期判断跳过的操作是否违约。比如从3月1日跳到3月10日,中间的3月5日有原材料到货的操作未执行,则跳到3月10日时,系统自动判定3月5日应到货的采购订单为"收货违约"。

⑦运行中操作页面上的时间进度条表示本季度运行的剩余时间(系统时间),但总经理选择操作日期后,其他操作岗可以点击日期旁的"刷新"按钮,刷新当前日期。

⑧设定的每季度运行时间一到,系统将自动结束本季度,所有未完成的操作,都将被自动跳转到本季度结束状态,并马上进入下一季度的运行期。

(4)年末时段运行操作规则

①"年末时段"所有年初以及年终的经营操作均被停止。此时必须在规定的时间内完成以下工作:

a.经营报表合成。

b.经营报表"上报"。

c.商业情报收集。

②各岗位填写报表后必须点击"提交"按钮,才能合成上报的四类经营报表。

③岗位报表可以多次"提交",每次"提交"都将重新合成上报的经营报表。

④合成的经营报表不能直接修改,必须经岗位报表修改后再次合成。

⑤合成经营报表由总经理岗或财务岗在"报表上报"功能中,点击"提交报表"按钮完成上报。

⑥点击"提交报表"按钮后,当年经营活动关闭,当年的报表不能进行修改,待系统的"年末"到后,可以在"报表上报"窗口中,选择本年查询经营报表的"系统值"和"上报值"的对比数据。

特别说明:a.报表对比数据显示格式为:系统值/本公司上报值;b.显示底色表示对比数据的一致与否,"绿色"表示系统值与上报值一致,"粉色"表示系统值与上报值不一致,"黄色"表示没有上报数据。

⑦如果没有在规定的时间内"上报"经营报表,"年末"结束时,系统自动关闭本年的所有报表操作,同时,可以查询经营报表的系统值(上报值为空)。

⑧进入"年末"时段,各家企业可以点击"查看年度经营结果",查询当年的"经营结果排名",可以看到净利润数额及排名、所有者权益数额及排名、经营分数及排名情况。

⑨"年末"时段,可以通过总经理的"商业情报"功能,查看任何公司的"公司详情",便于了解其他公司的经营动向,制定合理的经营战略。

特别提示:商业情报获取功能仅在"年末"时段开放,需要支付费用查看指定公司的"公司详情"。

3)评价指标

(1)违约/容忍期

模拟运营中公司与外界的交易活动(或业务)必须在规定的时间内完成,如产品销售订单必须在交货日期前"交货",原材料订货必须在到货日期当日"收入库中"入库等。

正常操作:在规定日期当日进行的操作为正常业务操作,正常业务操作可以按照规则获得正常的收益。

容忍期:凡是在规定日期没有完成的业务操作,允许延迟一段时间继续执行,这个延迟的时段称为"容忍期"。在"容忍期"内除了按照业务要求进行操作外,系统会只扣减一份违约金及企业诚信度。

"强制取消/执行":容忍期结束时仍不能完成业务操作时,该业务将被强制处理。

①订单"取消":包括销售订单被取消,采购订单被取消,同时,强制扣除两份违约金,并另外扣减"经营诚信度"分数,取消的订单将返回市场继续。

②业务"强制执行":费用支付的业务将被强制执行,如应还的贷款或利息等连同违约金,被强制从公司账户中扣除,如果账户资金不足,将扣减至负值。

特别说明:

"容忍期"内处理业务和"强制取消/执行"是两种不同的惩罚措施。"容忍期"内,原操作仍然可以进行,只是需要扣缴违约金,并扣减一次经营诚信度值,即 OID1 值;如果"强制执行",不允许进行原操作,不仅扣减 OID1,还要继续扣减诚信度值 2,即扣减 OID2。

(2)企业诚信度(客户满意度,OID)

"经营诚信度"是反映经营信用程度的指标,与公司运行行为关联,不符合规则的业务行为将减少"经营诚信度"。每项业务的操作或对 OID 产生增值的效应,或对 OID 产生减值的效应。OID 的变化计算公式为:

$$某市场的 OID 量化值 = 市场当前 OID 值 + OID 增值 - OID 减值$$

OID 可在沙盘内通过公司详情查看。OID 增值每年末自动计算一次,OID 减值计算实时进行。OID 影响沙盘中企业的广告投放效果、最终经营分数的计算。违约会扣减 OID,如当年无违约情况,则增加 OID,具体如表 1-4 所示。

表 1-4　OID 增减相关的经营操作

序号	运行	岗位	本地 OID	区域 OID	国内 OID	亚洲 OID	国际 OID	是否容忍	扣减违约金
1	交货无违约	系统	+	+	+	+	+	无	无
2	市场份额	系统	+	+	+	+	+	无	无
3	贷款无违约	系统			+			无	无
4	付款收获无违约	系统			+			无	无
5	订单违约交单	销售	—	—	—	—	—	有	有
6	取消订单强制扣除违约金	销售	—	—	—	—	—	有	有
7	原料订单延迟收货违约	采购			—			有	有

续表

序号	运行	岗位	本地OID	区域OID	国内OID	亚洲OID	国际OID	是否容忍	扣减违约金
8	取消原料订单强制扣违约金	采购	—					有	有
9	零售市场出售原料未能履约	采购	—					有	有
10	零售市场出售产品未能履约	销售	—					有	有
11	代工延迟收货违约	销售	—					有	有
12	取消代工订单并强制扣除违约金	销售	—					有	有
13	贷款延迟还款违约	财务	—					有	有
14	强制扣除应还贷款违约	财务	—					有	有
15	贷款利息延迟支付违约	财务	—					有	有
16	强制扣除应还贷款利息及违约金	财务	—					有	有
17	延迟支付维修费违约	财务	—					有	有
18	强制扣除维修费及违约金	财务	—					有	有
19	延迟支付厂房租金违约	经理	—					有	有
20	强制扣除厂房租金及违约金	经理	—					有	有

4）经营结果评分

比赛评分方法，如表1-5所示。

表1-5　比赛评分方法

分值项	分值	评分方法	审核方法	公布方法
经营结果得分	系统得分	以第六年系统分数为准	裁判审核	课堂公布
报表扣分	0分/年	比赛结束后裁判核对各组报表填写情况	裁判审核	课堂公布

特别说明：

①报表审核只审核"资产负债表"项。

②所谓全部正确是指报表各项(除所得税外)与系统报表数据完全相同。

③考虑计算工具的误差,所得税项与系统数据允许误差为 0.01。

④系统"分数"的计算公式：

第 N 年的系统"分数"=(第 N 年 OID 平均值-第 1 年操作失误率-第 2 年操作失误率-…-第 N 年的操作失误率)×当年所有者权益

例如,第 6 年的系统"分数"=(第 6 年 OID 平均值-第 1 年操作失误率-…-第 6 年的操作失误率)×当年所有者权益。

其中,"OID 平均值"是各市场的 OID 值的平均数。

第 N 年的操作失误率=第 N 年的操作失误数÷第 N 年的总操作数

1.2.3　团队成员职能定位

企业运营以制造型企业为背景,模拟企业运营的关键环节,把企业运营所处的内外部环境抽象为一系列的规则,由学生组成相互竞争的模拟企业。通过模拟企业 6 年的经营,学生在分析市场、制定战略、营销策划、组织生产、财务管理等一系列活动中,领悟科学的管理规律,全面提升管理能力。

1)团队组建

模拟企业主要分为五个职能岗位:总经理(CEO)、财务总监(CFO)、生产总监(CPO)、采购总监(CSO)、销售总监(CMO),主要职能定位如图 1-8 所示。总经理在整个模拟企业运营当中起总筹作用,五个岗位协同合作作业,在动态的企业经营演练环境中,体验在竞争的环境下如何承担经营风险,理解复杂、抽象的经营管理理论,掌握管理技巧,身临其境地感受"三流合一"(物流、资金流、信息流的协同)。

总经理	财务总监	采购总监	生产总监	销售总监
● 制订计划 ● 选择团队 ● 战略总筹	● 资金预算 ● 资金筹集 ● 资金分配	● 采购计划 ● 采购渠道 ● 库存核算	● 线型选择 ● 生产管理 ● 产品选择	● 需求分析 ● 销售预测 ● 市场计划

图 1-8　核心岗位及职能

在经营过程中,团队的合作是必不可少的。要想打造一支高效的团队,应注意以下几点。

（1）有明确的共同目标

团队要想发展,就必须有一个共同目标,这个目标可以使团队的成员向相同的方向用力,能够激发每个团队成员的积极性,并且使队员行动一致。团队要将总体的目标分解为个体的、可度量的、可行的行动目标。这些具体的目标和总体目标要紧密结合,并且要根据实际情况随时做相应的修正。比如一个团队确立了自己6年的发展总目标后,还要分解到每一年和每一季度具体如何运营。

(2)确保团队成员有互补能力

团队必须是一个完善的能力组合,每一个岗位所需要的成员能力素质的侧重点有所不同。比如担任财务总监的成员就要比较细心,对财务的相关知识有一定的了解,担任生产总监的成员要具备一定的数字计算能力和逻辑推理能力,还要能够熟练操作计算机,而担任总经理职务的人应该具备比较强的协调能力和组织能力等。

(3)有一位团队型领导

要成为一个高效、统一的团队,团队领导就必须学会充分调动每个成员的积极性,在缺乏足够的信息和统一意见的情况下及时做出决定。对于团队领导而言,最难避免的莫过于被团队内部虚伪的和谐气氛所误导,要采取措施努力引导和鼓励适当的、有建设性的良性冲突。将被掩盖的问题和不同意见摆到桌面上,通过讨论和合理决策将其加以解决,否则,将对企业的发展造成巨大的影响。

(4)履行好各自的责任

各成员应该按照自己的岗位职责进行经营活动,并且把自己的工作做好。比如采购总监要负责原材料的及时采购,如果出现差错,将直接影响以后的生产,而生产的产品数量又影响到交单的情况。所以一个小环节的疏漏,可能会导致满盘皆输。

作为团队的一员,首先,要尊重别人。法国哲学家罗西法古曾说过:"如果你要得到仇人,就表现得比你的朋友优越;如果你要得到朋友,就要让你的朋友表现得比你优越。"当我们让朋友表现得比我们优越时,他们就会有一种被肯定的感觉;但是当我们表现得比他们还优越时,他们就会产生一种自卑感,甚至对我们产生敌视情绪。因为谁都在自觉不自觉地强烈维护着自己的形象和尊严,我们要给予对方充分的尊重。其次,要能够接受批评,从批评中寻找积极成分。如果团队成员对你的错误大加抨击,即使带有强烈的感情色彩,也不要与之争论不休,而是从积极方面来理解他的抨击。这样,不但对你改正错误有帮助,也避免了语言敌对场面的出现。最后,要善于交流。同在一个团队,我们与其他团队成员之间会存在某些差异,知识、能力、经历造成我们在对待和处理问题时会产生不同的想法。交流是协调的开始,把自己的想法说出来后,想听对方的想法,我们会经常说这样一句话:"你看这事该怎么办?我想听听你的看法。"

总之,作为一名员工,应该注重自己的思想感情、学识修养、道德品质、处世态度、言行举止,做到坦诚而不轻率,谨慎而不拘泥,活泼而不轻浮,豪爽而不粗俗,这样一定可以和其他团队成员融洽相处,提高自己团队作战的能力。

2)总经理(CEO)

在ERP沙盘模拟经营实训中,总经理发挥着最大的作用,是终极大老板,如图1-9所示。如果所带领的团队在模拟对抗中意见相左,由总经理拍板决定。CEO负责率领整个团队进行企业运营,提高产品盈利能力,实现股东利益最大化。

图 1-9 总经理(CEO)操作界面

(1)任职要求

①思维谨慎。

②决策能力强。

③敢于拍板并承担责任。

④较强的执行力。

⑤较强的团队管理能力。

(2)岗位职能

总经理主要对沙盘进行整体规划,协调负责团队。在 ERP 约创电子沙盘中可以通过"岗位详情"查看本企业中总经理、财务总监、采购总监、生产总监、销售总监五个职能岗位的人员对应名单。

总经理主要职能如下:

①公共:

预算申报:向财务申报自己岗位所需预算。现金列示出本岗位的持有现金数额。

年初订货:比赛之前企业的参赛成员通过"市场分析"研究分析出企业主做的产品以及主打的销售市场,在年初进行订单的选择及申报。

②特权:

时间的跳转:在游戏中操作时间的跳转,如 1 月 1 日跳转至 1 月 5 日。

广告投放:根据整年的规划对"促销广告""战略广告"进行投放。年中经营期间任何时间都可在"战略广告"中投放广告,三年有效期。

资质开发:根据年度规划对企业所需要的市场、ISO、产品资质进行开发。

厂房:对企业的厂房进行租用或购买等操作。企业共有四个厂房,可以选择租赁也可以选择购买,厂房购买后可以买转租;所需的现金通过"预算申报"向财务总监申请。

情报:可以通过"情报"付费查看其他企业的经营情况。

3)财务总监(CFO)

财务总监是企业资产的保障者,企业的现金收入和支出均由财务总监负责,筹集和管理资金,做好现金预算,管好用好资金,支付各项费用,核算成本,按时报送财务报表,做好财务分析。其操作界面如图1-10所示。

图 1-10　财务总监(CFO)操作界面

(1)任职要求

①做事认真负责。

②基础会计知识运用能力较强。

③具备一定的生产防范意识。

④善于控制生产成本。

⑤具备融资和筹资能力。

(2)岗位职能

财务总监主要对沙盘中现金流、贷款等财务问题负责,其主要操作职能如下:

①公共:

年初订货:比赛之前企业的参赛成员通过"市场分析"研究分析出企业主做的产品以及主打的销售市场,在年初进行订单的选择及申报。

②特权:

银行贷款:查看并且进行银行贷款。可以在"银行贷款"中获取银行提供的专项资金信贷服务,分为长期贷款和短期贷款。

往来账:查看、操作应收及应付账款。通过"往来账"做好应收款的收款或者贴现。

费用支出:支付企业应付的管理费、维修费等费用。每到固定日期必须在"费用支出"中按时缴纳企业的管理费用、折旧费用、维修费用、贷款本金及利息等相关费用。

拨款:根据其他岗位的预算申请将资金拨给对应岗位。企业中所有岗位的现金需要预算申报,财务总监在"拨款"中调拨资金。

反向拨款:将其他岗位的资金收回。若财务岗位现金不足,但其他岗位仍有现金结余,可以进行"反向拨款"。

收支明细:查看企业所有关于现金的收支明细以及银行贷款明细。

4) 采购总监 (CSO)

企业的原材料由原材料订货商提供,采购总监是原材料的订货者,负责编制并实施采购供应计划,分析物资供应渠道和市场变化,为企业做好后勤保障工作。其操作界面如图 1-11 所示。

图 1-11　采购总监 (CSO) 操作界面

(1) 任职要求

①动手能力较强。

②具备一定的产品生产、运营控制能力。

③具备根据订单及时调整采购计划的协调能力。

④具备较强的沟通能力。

(2) 岗位职能

采购总监是对沙盘中产品原料采购情况负责的角色,其主要操作职能如下:

①公共:

预算申报:向财务申报自己岗位所需预算,现金列示出本岗位的持有现金数额。

年初订货:比赛之前企业的参赛成员通过“市场分析”研究分析出企业主做的产品以及主打的销售市场,在年初进行订单的选择及申报。

②特权:

自由交易:在市场进行原料的买入或卖出,价格会相对较贵。“自由交易”是为创业者提供临时交易的场所,采购总监可以在此零售或者购入原材料。

原料订货:通过供应商进行原料的采买,价格合适但有到货时间。采购总监必须在“原料订货”中下订单,才可以在“仓库订单”中进行收入库操作。注意,只要下了订单,原材料到达企业时,就必须照单全收,按规定支付原材料费用,否则系统将视为企业违约,强制扣除违约金。

仓库订单:查看仓库中已有的原料、原料保质期以及现有的原料订单。

5) 生产总监 (CPO)

生产车间是整家企业的核心部分,生产总监不但是公司生产的承担者,而且是计划的制订者和决策者,更是生产过程的监控者,负责企业生产管理工作,协调完成生产计划,维持生产成本,落实生产计划和能源的调度,保持生产正常运行,及时交货,组织新产品研发,扩充改进生产设备,做好生产车间的现场管理。其操作界面如图1-12所示。

图1-12　生产总监(CPO)操作界面

(1)任职要求

①具有较强的开拓能力。

②思维着眼较长远。

③具备一定产品分析能力。

④能够看到商机。

(2)岗位职能

生产总监主要对沙盘中生产线、产品生产情况负责。其主要操作职能如下:

①公共:

预算申报:向财务申报自己岗位所需预算,现金列示出本岗位的持有现金数额。

年初订货:比赛之前企业的参赛成员通过"市场分析"研究分析出企业主做的产品以及主打的销售市场,在年初进行订单的选择及申报。

②特权:

建立生产线:投资并建立生产线,确定生产时间。"厂房"显示了企业的所有厂房和生产线的操作。

预配和生产:对生产线进行预配并生产。"生产明细"中列示出企业所有的生产线的目前状态。生产线的生产要预配过原材料和相应人工后点击"全线开产"方可开始。

推进:在生产线某个阶段完成后,推进到下一个阶段。"全线推进"是将生产线的状态更进一步,如生产线在建状态下由第一周期至第二周期。

技改:对生产线进行技改,并且缩短生产时间。

转产:将生产线转为生产其他的产品。

6)销售总监(CMO)

订货会是每年年初举办的面向所有创业者的盛会。创业者可以在选取订单之后于年中阶段由销售总监交货。销售总监预测市场制订销售计划,帮助总经理合理投放广告,并根据企业生产能力取得匹配的客户订单,与生产部门沟通按时交货,监督货款的回收。其操作界面如图 1-13 所示。

图 1-13　销售总监(CMO)操作界面

(1)任职要求

①市场反应能力较强。

②积极协调内外资源。

③产品意识能力强。

④具有较强的市场掌控能力。

(2)岗位职能

销售总监主要对沙盘中产品销售情况负责。其主要操作职能如下:

①公共:

预算申报:向财务申报自己岗位所需预算。现金列示出本岗位的持有现金数额。

年初订货:比赛之前企业的参赛成员通过"市场分析"研究分析出企业主做的产品以及主打的销售市场,在年初进行订单的选择及申报。

②特权:

年初订货:在其他公司违约时,可接获其违约订单。

自由交易:在市场进行产品的买入或卖出,买入价格会相对较贵。销售总监可以通过"自由交易"零售或者购入产品,当然,价格方面可能不会让你满意。

代工厂和代工订单:暂不开放。"代工厂"可以弥补公司生产力的不足,销售总监可以在此处下单让其代为生产产品,以完成订单。

仓库订单:查看仓库中已有的产品以及现有的产品订单,并交付年初订单。

【任务评价】

表 1-6 "ERP沙盘基本规则"任务评价表

任务编号	1-2	任务名称	ERP 沙盘基本规则	课程名称	ERP 沙盘模拟运营实训	
技能点与思政元素		评价指标			评价权重/%	评价得分（百分制）
		A	B	C		
专业技能	任务计划制订	任务计划合理,准备充分,实施过程中有详细的记录	任务计划合理,准备较充分,实施过程中有记录	任务计划较合理,准备较充分,实施过程中记录不全	20	
	任务实施结果	在规定的时间内完成任务,较好地理解了约创沙盘经营规则和团队成员职能定位的知识	在规定的时间内完成任务,掌握大部分约创沙盘经营规则和团队成员职能定位的知识	在规定的时间内完成任务,掌握一部分约创沙盘经营规则和团队成员职能定位的知识	40	
	实训报告	能完整地总结任务的开始、过程、结果,认真总结分析完成情况	能较完整地总结任务的开始、过程、结果,分析完成情况	能总结任务的过程、结果和完成情况	20	
课程思政	纪律	不迟到,不早退,中途不离开任务实施现场	不迟到,不早退,中途离开任务实施现场的次数不超过一次	有迟到或早退现象,中途离开任务实施现场的次数不超过两次	5	
	实训环境整理	严格按照实训场所规范操作,操作完成后主动做好现场清理工作,态度认真	能够按照实训场所规范操作,操作完成后做好现场清理工作,态度认真	基本按照实训场所规范操作,操作完成后做好现场清理工作	5	

技能点与思政元素		评价指标			评价权重/%	评价得分（百分制）
		A	B	C		
课程思政	团队协作	配合很好，积极主动完成分工职责，认真完成任务	配合较好，能够按照组长的安排完成任务	能够与同学配合完成任务	5	
	语言能力	积极参与沟通，回答问题，条理清晰，声音洪亮	主动参与沟通，回答问题，条理较清楚，声音较大	能够参与沟通，回答问题，声音清晰	5	

任务评价总体成绩：_____

评价教师签字：_____

日　　期：_____

任务3　ERP沙盘重要规则

学习目标

1.了解模拟企业的组织结构、经营环境，以及基本经营思路；

2.熟悉模拟运营操作重要规则，掌握各评价指标；

3.熟悉各个岗位的操作要求，明确各自的工作职责；

4.掌握各项重要规则，并运用到企业模拟经营的整个流程中去。

【案例导入】

规则意识培养下战略管理在宝钢的应用[1]

宝钢如何在规则意识培养下运用战略管理的三个分析工具——战略定位分析、价值链分析、成本动因分析来进行管理的实践，提升自己的竞争力？

（一）宝钢战略管理的前提——战略目标的制定

企业战略管理的目标是由战略管理的环境所决定的，对战略管理的实施具有指导和制

1　王棣华.宝钢战略成本管理案例分析[M]//中国总会计师协会.2008年度中国总会计师优秀论文选.北京:航空工业出版社,2009.有修改.

约作用。因此,明确企业战略管理的目标是正确执行和完善其战略管理工作的前提和基础。每一个成功的企业都拥有一个基于特有战略的竞争优势,正确的战略来自对自身和周围环境的正确认识和科学判断。

1.宝钢的战略发展经营环境

在机遇发展方面,未来20年是我国钢铁业发展的高峰时期和发展的关键历史时期。在全面建成小康社会的进程中,我国将继续保持政治稳定、经济高速增长,这为钢铁工业的发展提供了极佳的外部环境;公司所处的"长三角"地区,正加速发展成为世界级的以强大制造业为重要支撑的国际经济、金融、贸易和航运中心,区位优势突出。

在面临的挑战方面,国内钢铁业迅速崛起,超大规模的国际钢铁集团及其战略联盟不断涌现,国内钢铁企业产能迅猛扩张的同业竞争和国外钢铁企业高端产品的制高点竞争将更激烈;国内钢铁业相对分散,而上下游行业的集中度又远高于钢铁业,与上下游相比,钢铁制造业将面临更为苛刻的市场压力;随着国内钢铁行业产能的迅速扩大,国内钢铁业在矿石供应和港口运输能力方面的短缺问题日益显现,将制约企业的规模扩张和战略布局。

2.宝钢战略目标的制定

在对公司面临的机遇和挑战全面分析的基础上,公司制定了"成为钢铁精品的供应基地"的企业标志性目标和"成为全球最具竞争力的钢铁企业"的战略目标,具体如下:

(1)在规模、产品结构、布局和相关产业等方面实现战略性跨越,确立在国内板材市场的主导地位;

(2)在技术创新、信息化管理、建设绿色企业和企业文化建设等方面实现跨越式发展,走可持续发展的新型工业化道路;

(3)市场营销、生产运营、采购供应、科技发展、环保节能、财务管理等领域共同构成公司的发展战略体系。

(二)宝钢战略管理的起点——战略定位

1.以"目标集聚"为手段,实施"精品战略"

面对日益激烈的竞争环境,宝钢坚持精品战略,将目标聚焦在具有持续成长性的行业和高档钢材品种上,并在这些行业和产品上拥有绝对的市场优势和稳定的战略用户群,进一步发展了企业优势。公司以"目标聚集"为基本竞争战略,针对不同的产品市场和竞争对手,分别或综合运用低成本和差异化等手段,以取得目标市场竞争优势。

首先,在产品和用户定位方面实施目标聚集的竞争战略,稳定或拓展市场份额,确立目标市场的主导地位,提升主导产品的综合竞争力。其次,在产品和服务方面获得可持续的竞争优势。将关键性资源和能力集聚于核心技术的发展上,形成一批具有核心竞争力的工艺技术、产品技术和装备技术;针对产品生命周期的不同阶段,在品种、质量、服务、价格等方面,实现差异化和低成本的有效结合或转换;建立面向战略用户的供应链管理体系,实行大规模定制,进一步确立低成本和差异化并举的竞争优势。最后,企业要适应未来产品需求增长的形势,通过优化工艺路线,提高技术经济指标,降低制造成本,确保产品的市场竞争力。

2.着力追求"清洁生产"和"绿色制造",实行可持续发展战略

21 世纪钢铁工业的发展面临着减轻地球环境负荷的严峻挑战。为积极推进"清洁生产"和"绿色制造",公司将从以下几个方面促进企业沿着绿色化、可持续化方向发展：

(1)优化钢铁制造流程,在评价未来钢铁材料和钢铁工艺时,环保、能源消耗是需要重点考虑的重要因素；

(2)提高资源和能源使用效率,降低吨钢水耗等各类能耗；

(3)控制钢铁制造过程的排放和对排放物进行再资源化、再能源化和无害化处理；

(4)提高钢铁产品的绿色度,与相关行业形成工业生态链并发挥社会友好功能。

(三)宝钢战略管理的焦点——价值链分析

价值链分析可以从多方面揭示有关企业竞争力的成本信息。价值链分析所得出的信息对制定战略以消除成本劣势和创造成本优势起着非常重要的作用。宝钢在战略管理的实施过程中尤其重视价值链的分析,强调从行业价值链、企业内部价值链、竞争对手价值链分析,着手建立战略价值链。

销售环节供应链管理,就是通过敏捷制造、深加工服务、按周交货及物流优化等措施,来实现产品使用价值最大化,降低客户使用成本,提高供应链整体效率,实现供应链整体最优。宝钢采取"以客户为中心,精益制造,快速敏捷响应客户需求"等销售供应链的管理措施。

(1)"以客户为中心"的销售供应链管理。宝钢实施的是钢铁精品战略,通过钢铁产品市场细分,针对不同目标市场和客户群实施低成本或差异化的竞争手段,来满足不同客户的个性化需求。因此,宝钢将"以客户为中心"作为销售供应链管理的重点。第一,通过客户信息的价值化分析,结合产品市场细分情况和未来发展定位,在公司战略产品细分的行业如汽车、家电、造船、石油等,选择该行业的重点客户建立长期信任的战略合作关系,共同打造战略供应链。第二,宝钢实行别具一格的产品支持服务。一方面增加了企业产品使用价值,为企业带来高于行业平均水平的盈利能力和快速增长的市场份额；另一方面也降低了客户使用成本,实现供应链价值增值最大化。

(2)建立双向的信息平台,实现信息共享。通过建立采购信息平台,公司将生产需求、采购计划、物料供应等各方统一在相同的电子平台上,与内部研产销系统和外部供应商网络通过因特网实现无缝连接,进行信息及时共享。通过网络动态监控,公司可以实时查看战略供应商的生产能力和库存,实现"即时采购"。

(3)进行物流优化,降低不增值作业。企业实施物料质量免检制度,对那些合作诚信度高、供应质量长期稳定、交付及时的战略供应商,给予进场物料的免检权利。该项制度的推行,使公司每年节约数千万元的物料检验成本；同时,公司推行无库存管理,有效降低了供应链存货成本。

总之,宝钢在供应链管理中始终以"价值"管理为核心,通过价值分析,优化供应链模型；通过企业间长期稳定的合作关系,减少不增值作业的支出,实现了供应链价值最大化和双赢。

（四）宝钢战略管理的重点——成本动因分析

成本动因是成本发生的根本原因。因此，很多企业都把战略成本动因作为创造企业竞争优势的重要突破口。宝钢抓住质量管理这一执行性成本动因，采用目标聚集战略，从而以提供高品质的产品在激烈的市场竞争中取胜。

从2003年开始，公司在完成了系统的准备工作后正式归集质量成本，出具质量成本报告。公司由成本管理部门全面归口管理质量成本，通过制定质量成本流程和程序，对质量成本进行预算的编制、报批及下达，同时统计跟踪实绩，进行质量成本分析工作；制造管理部门负责对各部门质量成本年度目标进行审核，对质量成本进行跟踪分析，并对主要质量问题进行确认，不断揭示质量改进机会，寻求质量突破口；生产部门负责本部门质量成本目标的制定、实施、跟踪、分析及改进等工作。近年来，宝钢在降低质量成本方面开展了卓有成效的工作，质量成本呈持续稳定下降态势。纵观宝钢这几年的质量成本管理，有以下几点成功经验：

（1）优化质量设计，提高操作水平，稳定和改进产品质量。宝钢在产品质量成本管理的过程中时刻牢记"成本是设计出来的"，降低成本的有效途径是改进产品的质量设计；"成本是生产出来的"，通过提高生产操作水平，强化内部控制，稳定产品质量，从而可以减少质量降级，带来效益的增加。

（2）将六西格玛精益运营与质量成本管理紧密结合。近年来，公司成功运用六西格玛管理理念对质量成本进行了探索性实践，取得了很好的效果。六西格玛精益运营是以全员参与、绩效管理、用户驱动、精益工具的应用为重点，强化过程控制，推进精益生产，追求六西格玛，确保生产稳定和质量的稳步提高。六西格玛精益运营使成本、质量、产能利用、物流运输等运营绩效方面得到了持续改善，减少了由于质量过剩带来的成本损失。

（3）关注隐性质量成本损失。由于工作失误或缺陷造成的成本，称为隐性成本，它通常不大被人重视，但占企业成本损失的比重却是显性成本损失的3~4倍，不容忽视。宝钢在统计质量成本时，增加了由于产品性能不符合要求而改变用途所造成的质量成本，纳入内部故障成本中的产品内部降级损失；细化了质量成本的构成项目，将质量成本与现场的质量控制指标紧密结合；通过逐步统计和发掘低效率的信息传递、缺乏协调的工序组织、低技术创新能力、不增值的高库存和补料成本、低质量异议处理速度等涉及生产经营方方面面的隐性质量成本，挖掘成本降低的潜力。

多年来，宝钢成本管理紧紧围绕"追求企业价值最大化"这一核心理念，建立了以战略目标为导向的成本管理体系。经过多年的探索和实践，公司通过强化过程控制，工序能力改进明显，产品质量稳定性逐年提高。公司的现金盈利能力已达到世界先进水平，为进一步发展提供了足够的资金支撑。在成本方面，公司的高档钢材产品成本处于全球较低水平，低成本是公司的优势之一。自战略成本管理体系实施以来，宝钢取得了显著成效：1998—2004年，年均成本降低率为3.5%；利润逐年大幅增长，分别为10.24亿元、15.03亿元、32.57亿元、37.1亿元、59.42亿元、99.52亿元、135.86亿元。

【相关知识】

1.3.1 市场资质、产品 BOM 及资质

1) 市场资质规则

表 1-7　市场资质规则

序号	规则名称	每年投资额/万元	本地市场准入时间/年	区域市场准入时间/年	国内市场准入时间/年	亚洲市场准入时间/年	国际市场准入时间/年	ISO9000准入时间/年	ISO14000准入时间/年
1	市场资质	10	1	1	2	3	4	2	3

注:(1)准入年份从投资开始后满一年,即投资的第二年才算开发一年;

(2)投资时间为每年的年初,即本年年初投资,第二年年初才能完成本期投资。

2) 产品 BOM 规则

表 1-8　产品 BOM 规则

序号	产品标识	R1数量	R2数量	R3数量	R4数量	P1数量	P2数量	P3数量	P4数量
1	P1	1	0	0	0	0	0	0	0
2	P2	1	1	0	0	0	0	0	0
3	P3	0	2	1	0	0	0	0	0
4	P4	0	1	1	2	0	0	0	0
5	P5	0	0	2	1	0	1	0	0

注:产品 BOM(Bill of Material)是产品原料组件数量构成。

3) 产品资质规则

表 1-9　产品资质规则

序号	产品标识	投资期	每期投资额/万元	单期天数/天
1	P1	1	10	60
2	P2	3	10	60
3	P3	4	10	60

续表

序号	产品标识	投资期	每期投资额/万元	单期天数/天
4	P4	5	10	60
5	P5	6	10	60

注:(1)获得产品资质后才能进行生产,否则不能开产;

(2)投资过程:开始投资一期,扣除现金,经过【单期天数】的过程,第一期投资完成,完成后的一天(即到期后的第二天)才可以"推进"进行第二期投资;

(3)最后一期投资后,需要再等待一个【单期天数】,到期后的第二天,系统自动发放资格证书。

1.3.2　厂房、生产线的使用

1)厂房使用规则

表1-10　厂房使用规则

序号	厂房标识	生产线容量	购买价格/万元	每年租金/万元	出售账期/天	折旧时限	租金滞纳	违约金比例	违约容忍期限/天	OID减数1	OID减数2
1	A	4	200	40	120	0	0	0.1	30	0.1	0.1
2	B	4	200	40	120	0	0	0.1	30	0.1	0.1
3	C	4	200	40	120	0	0	0.1	30	0.1	0.1
4	D	4	200	40	120	0	0	0.1	30	0.1	0.1

注:(1)厂房租用以一年为期,每年支付租金,租用开始日期是支付租金日期,下一年到期前(含当天),必须支付下一年的租金,否则违约;

(2)租金支付容忍期内支付厂房租金时,必须连同违约金一起支付,并扣减所有市场的OID(OID减值1);

(3)如果过了容忍期仍未支付租金,系统将强制扣除租金及违约金,并扣减所有市场的OID(OID减值1和减值2)。

2)生产线使用规则

表1-11　生产线使用规则

序号	生产线标识	安装单期投资额/万元	安装周期	安装单期天数/天	生产周期	生产单期天数/天	残值/万元	技改周期	技改单期天数/天	技改单期价格/万元	技改提升比例
1	手工线	50	0	0	2	90	5	1	20	30	0.25
2	自动线	50	3	60	1	90	15	1	20	20	0.2
3	柔性线	50	4	90	1	90	20	1	20	20	0.2

转产周期	转产单期天数/天	转产单期价格/万元	折旧周期/天	维修费/万元	操作工人总数	必有初级以上人数	必有中级以上人数	必有高级以上人数	技改次数上限	折旧年限
0	0	0	360	5	3	0	0	0	2	6
2	15	20	360	15	2	0	1	0	1	6
0	0	0	360	20	2	0	0	1	1	6

注:(1)生产线购买总投资额:安装周期×单期投资额;

(2)生产线开始投资建线时,需要确定该生产线生产的产品,当生产线建成之后,如果没有获得产品的生产资质,则不能上线开工生产;

(3)安装单期完成时间:单期投资支付日期开始计算,经过"安装单期时间"后的日期;

(4)安装到期后,需要人工操作【推进】启动下一期投资,最后一期到期后,也需要人工操作【推进】到建成状态;

(5)技改:仅对安装完成的生产线所进行的减少生产单期天数的操作;

(6)每次能减少生产周期的天数:初始的"生产单期天数"×技改提升比例,即:技改后的生产单期天数 = 90 天 - (90×0.2)= 72 天;

(7)生产线进行技改的最大次数:生产线可以进行技改的最多次数;

(8)生产线的【操作工人总数】:生产线生产过程必须有规定的工人数量;

(9)生产线【必有】操作工:生产线操作人员中必须有的级别人数,上一级别的操作工,可以代替之,但低级别的操作工不能替代;

(10)生产线建成之日起 1 年后(360 天)开始提取折旧,折旧操作每年一次,日期为每年的建成日期,折旧公式:(生产线总价值-生产线残值)/ 折旧年限;

(11)生产线建成之日起 1 年后(360 天)开始支付维修费,维修费每年支付一次,日期为每年的建成日期。

3)什么生产线更划算

表 1-12 生产线对比分析

项目/线型	购买总价/万元	生产周期	生产单期天数/天	技改周期/天	技改费用/万元	技改次数上限/次	维修费/万元	技改提升比例
手工线	50	2	90	20	30	2	5	0.25
自动线	150	1	90	20	20	1	15	0.2
柔性线	200	1	90	20	20	1	20	0.2
项目/线型	建线费用/万元	维修费/万元	技改费用/万元	费用合计/万元	技改后天数/天	产能/(个·年$^{-1}$)	总产能	单产品费用/万元
手工线	50	25	60	135	90	4	22	6
自动线	150	75	20	245	72	5	27	9
柔性线	200	100	20	320	72	6	33	12

1.3.3　贷款及原材料的订购

1）贷款规则

表1-13　贷款规则

序号	贷款类型	额度计算倍数	还款方式	利息违约容忍期/天	还款违约容忍期/天	利息违约金比例	还款违约金比例	OID减数1（利息违约）	OID减数2（利息违约）	OID减数1（还款违约）	OID减数2（还款违约）
1	长贷	3	每年付息到期还本	30	20	0.05	0.1	0.1	0.1	0.1	0.1
2	短贷	3	到期还本付息	20	25	0.1	0.15	0.15	0.2	0.15	0.2

注:(1)贷款额度计算基数:上年权益;

　　(2)本年可贷款额度:上年权益×额度计算倍数;

　　(3)额度内的贷款类型可以自主组合,既可以贷长贷,也可以贷短贷;

　　(4)贷款时间:各年正常经营的任何日期(不包括"年初"和"年末");

　　(5)还款和支付利息都有容忍期,即:允许超过还款和支付利息正常时间的天数,但要缴纳违约金和对所有市场的OID减除OID减数1;

　　(6)超过容忍期仍然没有执行还款和利息操作时,则强制执行,即强制扣除本金+违约金,并对所有市场的OID减OID减数1和OID减数2。

2）原料订购规则

表1-14　原料订购规则

序号	供应商标识	原料标识	单价/万元	当前数量	质保期/天	交货期/天	违约金比例	违约容忍期/天	OID减数1	OID减数2
1	系统供应商	R1	10	1000	300	50	0.1	30	0.1	0.1
2	系统供应商	R2	10	900	300	50	0.1	30	0.1	0.1
3	系统供应商	R3	10	800	300	100	0.1	30	0.1	0.1

续表

序号	供应商标识	原料标识	单价/万元	当前数量	质保期/天	交货期/天	违约金比例	违约容忍期/天	OID减数1	OID减数2
4	系统供应商	R4	10	700	300	100	0.1	30	0.1	0.1

注：(1)原料有限供应，每季度都会有原料供应；

(2)原料供货需提前预订，预订不需要预付费用；

(3)从原料订货订单下达之日开始，根据"交货期"确定为收货日期，到收货日期时，方能收货；

(4)到时不收货，则进入违约容忍期，容忍期内，仍然可以收货，但需要缴纳违约金，即：支付货款收货之外，还需要根据违约金比例，缴纳违约金；并计违约错误一次，扣减所有市场的OID(OID减数1)；

(5)如果过了违约容忍期仍然不收货，系统强制取消订单，强制扣除违约金，并计违约错误一次，扣减各市场的OID(扣减减数1和减数2两项)；

(6)原材料的质保期从到货日开始计算；在质保期内，原料可以上线生产，或有条件地销售(据质保期到期30天以上的原料可以销售)；

(7)原材料过期后，系统强制处置原材料，清除过期原料库存，损失计入营业外支出项。

1.3.4　广告和企业知名度规则

1)广告和企业知名度规则

表 1-15　广告和企业知名度规则

广告类型	投放时间	市场	广告效应延迟时间	广告基数	第1年有效权重	第2年有效权重	第3年有效权重
战略	年中	分市场	3年	投入该市场有效战略广告总和	0.6	0.3	0.1
促销	每年订货会前	分市场	当年有效	该市场的促销广告总和	1	0	0

注：(1)战略广告对知名度有延续3年的影响，即投放的广告参与各年(三年)知名度计算；

(2)战略广告分市场投放；

(3)战略广告在经营期间任何时间都可以投放；

(4)促销广告只有在年初订货会申请订单前，才能分市场投放，而且仅投放当年订货会期间有效影响企业知名度。

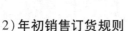

2)年初销售订货规则

表1-16　年初销售订货规则

序号	促销阶段	第1次订单申请	第2次订单申请
1	促销广告投放提升企业知名度排名	1.第1次提交各市场各产品订单的产品数量； 2.在规定时间内可以多次提交申请，以最后一次提交的为准； 3.提交截止时间系统自动根据提交申请的企业知名度排名分配订单，并公布分配结果	1.公司二次提交剩余订单的申请； 2.在规定的时间内可多次提交订单申请数量，以最后一次提交的订单产品申请数量为准； 3.提交截止时间，系统自动按照申请企业的知名度排名分配订单，并公布结果，订货会结束

3)产品交货规则

表1-17　产品交货规则

序号	市场	订单违约金比例	违约容忍期限/天	OID减数1	OID减数2
1	本地	0.2	30	0.3	0.1
2	区域	0.2	30	0.3	0.1
3	国内	0.2	30	0.3	0.1
4	亚洲	0.2	30	0.3	0.1
5	国际	0.2	30	0.3	0.1
6	原料零售	0.25	30	0.3	0.1
7	产品零售	0.25	30	0.3	0.1

注：(1)订单必须在订单规定的交货日期当天或是交货日期前交货；

(2)必须按照订单规定的数量交货；

(3)规定的交货期不能交货，可在容忍期内交货，但销售额将扣减违约金，同时订单市场的OID扣减减数1；

(4)如果容忍期内也不能交货，订单将被取消，同时强制扣除违约金，同时，订单市场的OID被扣减减值1和减值2。

1.3.5 生产规则及零售市场规则

1）生产人员规则

表 1-18 生产人员规则

单位:万元

序号	人员标识	第0年基本工资	第1年基本工资	第2年基本工资	第3年基本工资	第4年基本工资	第5年基本工资	第6年基本工资	第0年计件工资	第1年计件工资	第2年计件工资	第3年计件工资	第4年计件工资	第5年计件工资	第6年计件工资
1	初级工	0	0	0	0	0	0	0	4	4	4	4	4	4	4
2	中级工	0	0	0	0	0	0	0	5	5	5	5	5	5	5
3	高级工	0	0	0	0	0	0	0	6	6	6	6	6	6	6

注:(1)人员仅为生产线操作人员;

(2)人员级别与生产线要求相一致;

(3)当前版本的无基本工资,只计计件工资。

2）生产预配规则

(1)生产开工条件:生产线上线生产时需要根据生产线类型配置操作工人,根据产品配置原料,只有人员和原材料都配置到位,才能上线生产;

(2)预配就是预先将产品开工生产所需的操作工人和原材料放置在生产线的待产区,一旦生产线可以开工生产,直接上线;

(3)生产线必须从待产区取得原料和工人,故生产开工前必须进行生产预配;

(4)预配可以在经营4季运行的任何时间进行,不受生产线状态的限制(即:可以在生产线投资建设、生产、转产、技改等状态时预配);

(5)预配成功后,原材料将被移入待产区,库存将减少,操作工将被设置为待产状态;

(6)每年年底,所有生产线的待产区将被清空。

3）零售市场销售及采购规则

表 1-19 零售市场销售及采购规则

序号	商品标识	当前控可售数量	市场出售单价/万元	市场收购单价/万元	出售质保期/天	交货期/天	年份
1	R1	10	25	5	50	0	1

续表

序号	商品标识	当前控可售数量	市场出售单价/万元	市场收购单价/万元	出售质保期/天	交货期/天	年份
2	R2	10	25	5	50	0	1
3	R3	10	25	5	50	0	1
4	R4	10	25	5	50	0	1
5	P1	10	40	20	0	0	1
6	P2	10	70	30	0	0	1
7	P3	10	90	40	0	0	1
8	P4	10	100	50	0	0	1

注:(1)零售市场按年份供应原料和产品;

　　(2)公司在零售市场采购原料和产品的价格是"市场出售单价",现金交易,成交后,零售市场的数量减少;

　　(3)公司在零售市场出售原料和产品的价格是"市场收购单价",交易资金直接计入公司0账期应收款;

　　(4)公司出售给零售市场的原料和产品成交后,增加当期的零售市场原料或产品的库存量;

　　(5)公司出售给零售市场的原料,必须是保质期在30天以上的原料,即:出售日距"原料失效日"必须大于30天,系统自动按照先进先出的原则和质保期大于30天的原则,出库公司原料,如果原料库存不足,交易失败。

1.3.6　OID 增减值、应交费用、缴费、扣费规则

1)OID 增减值规则

(1)【企业知名度】是公众对企业名称、商标、产品等方面认知和了解的程度。企业知名度分市场计算,各公司在一个市场中的企业知名度排名,决定该市场订单分配的先后顺序。

(2)【企业诚信度(客户满意度)】是客户期望值与客户体验的匹配程度。客户满意度与公司运行行为的优劣关联,即:每项业务的操作或是对 OID 产生增值的效应,或是对 OID 产生减值的效应。OID 的变化计算公式为:

$$某市场的 OID 量化值 = 市场当前 OID 值 + 市场 OID 增值 - OID 减值$$

其中:OID 增值每年末自动计算一次;OID 减值计算实时进行。增减值的条件如表 1-20 所示。

表 1-20　OID 增减值规则

序号	动作	岗位	本地OID	区域OID	国内OID	亚洲OID	国际OID	容忍期	违约金比例	OID增减值
1	交货无违约	系统	+	+	+	+	+	无	无	0.2

续表

序号	动作	岗位	本地 OID	区域 OID	国内 OID	亚洲 OID	国际 OID	容忍期	违约金比例	OID 增减值
2	市场份额	系统	+	+	+	+	+	无	无	计算
3	贷款无违约	系统			+			无	无	0.2
4	付款收货无违约	系统			+			无	无	0.2
5	订单违约交单	销售	—	—	—	—	—	30	0.3	−0.3
6	取消订单强制扣除违约金	销售	—	—	—	—	—		0.3	−0.4
7	长期贷款延迟还款违约	财务			—			20	0.1	−0.1
8	强制扣除应还长贷及违约金	财务			—			20	0.1	−0.2
9	长期贷款利息延迟支付违约	财务			—			30	0.05	−0.1
10	强制扣除长贷利息及违约金	财务			—			30	0.05	−0.2
11	短贷延迟还款违约	财务			—			25	0.15	0.2
12	强制扣除应还短贷及违约金	财务			—			25	0.15	0.35
13	短贷利息延迟支付违约	财务			—			20	0.05	−0.2
14	强制扣除短贷利息及违约金	财务			—			20	0.05	−0.35
15	原料订单延迟收货违约	采购			—			30	0.1	−0.1
16	取消原料订单强制扣违约金	采购			—			30	0.1	−0.2
17	代工延迟收货违约	生产			—			30	0.2	−0.2
18	取消代工订单并强制扣除违约金	生产			—			30	0.2	−0.3
19	零售市场出售原料未能履约	采购			—			30	0.25	−0.3

续表

序号	动作	岗位	本地OID	区域OID	国内OID	亚洲OID	国际OID	容忍期	违约金比例	OID增减值
20	零售市场出售产品未能履约	销售			—			30	0.25	−0.3
21	厂房租金延迟支付违约	总经理			—			30	0.1	−0.1
22	厂房租金及违约金强制扣除	总经理			—			30	0.1	−0.2
23	所得税违约	系统			—			30	0.1	−0.1

2）应交费用规则

表 1-21　应交费用规则

序号	费用类型	计算基数类型	计算值/万元	费用比例	扣减资源	计算时间	是否手工操作
1	管理费	固定常数	5	1	现金	每月1日	是
2	维修费	生产线原值	计算	0.1	现金	每月1日	是
3	折旧	（生产线原值−残值）/折旧年限	计算	0	价值	每月1日	系统自动扣除
4	福利费	基本工资总额×费用比例	计算	0.1	现金	每月1日	是
5	所得税	（当年权益−纳税基数）×费用比例	计算	0.2	现金	每年年末	系统自动扣除

3）缴费及强制扣费规则

表 1-22　缴费及强制扣费规则

序号	费用明细	是否扣减全部市场OID	违约金比例	违约容忍期限/天	OID减数1	OID减数2	是否记录失误
1	管理费	否	0	30	0	0	是
2	所得税	是	0.1	30	0.2	0	是
3	增值税	是	0.1	30	0.2	0	是
4	折旧	否	0	30	0	0	是

续表

序号	费用明细	是否扣减全部市场OID	违约金比例	违约容忍期限/天	OID减数1	OID减数2	是否记录失误
5	维修费	否	0	30	0	0	是
6	基本工资	否	0	30	0	0	是
7	员工福利	否	0	30	0	0	是

注:(1)每月1日,系统自动计算当月应交的费用;

(2)本月任何日期都可以选择费用项进行缴费(即本月内可以提前缴费);

(3)规定缴费日期内未完成缴费操作,视为违约,在容忍期内,可以继续执行缴费操作,但要按照违约金比例缴纳违约金,并扣减客户满意度(OID减值1);

(4)跨月的未交费用项与下月费用项合并显示,该项目交款时,合并支付;

(5)如果超过容忍期仍未执行交付操作时,系统将自动扣除应交费用本金和违约金,并扣减客户满意度OID减值1和OID减值2。

4)贴现规则明细表

表 1-23 贴现规则

序号	贴现费用率	贴现期/天
1	0.05	30
2	0.1	60
3	0.15	90
4	0.2	120

注:贴现期的天数含本数值天,如【30天】含30天以内的贴现率。

5)情报规则表

表 1-24 情报规则

序号	规则名称	价格/万元	跟踪时间/天	跟踪企业数
1	情报规则	0	30	1

【任务评价】

表 1-25　"ERP 沙盘重要规则"任务评价表

任务编号	1-3	任务名称	ERP 沙盘重要规则	课程名称	ERP 沙盘模拟运营实训	
技能点与思政元素		评价指标			评价权重/%	评价得分（百分制）
		A	B	C		
专业技能	任务计划制订	任务计划合理,准备充分,实施过程中有详细的记录	任务计划合理,准备较充分,实施过程中有记录	任务计划较合理,准备较充分,实施过程中记录不全	20	
	任务实施结果	在规定的时间内完成任务,较好地理解了约创沙盘经营规则和团队成员职能定位的知识	在规定的时间内完成任务,掌握大部分约创沙盘经营规则和团队成员职能定位的知识	在规定的时间内完成任务,掌握一部分约创沙盘经营规则和团队成员职能定位的知识	40	
	实训报告	能完整地总结任务的开始、过程、结果,认真总结分析完成情况	能较完整地总结任务的开始、过程、结果,分析完成情况	能总结任务的过程、结果和完成情况	20	
课程思政	纪律	不迟到,不早退,中途不离开任务实施现场	不迟到,不早退,中途离开任务实施现场的次数不超过一次	有迟到或早退现象,中途离开任务实施现场的次数不超过两次	5	
	实训环境整理	严格按照实训场所规范操作,操作完成后主动做好现场清理工作,态度认真	能够按照实训场所规范操作,操作完成后做好现场清理工作,态度认真	基本按照实训场所规范操作,操作完成后做好现场清理工作	5	
	团队协作	配合很好,积极主动完成分工职责,认真完成任务	配合较好,能够按照组长的安排完成任务	能够与同学配合完成任务	5	

续表

技能点与 思政元素		评价指标			评价权重 /%	评价得分 （百分制）
		A	B	C		
课 程 思 政	语言 能力	积极参与沟通,回答问题,条理清晰,声音洪亮	主动参与沟通,回答问题,条理较清楚,声音较大	能够参与沟通,回答问题,声音清晰	5	
任务评价总体成绩:＿＿＿＿＿						
				评价教师签字:＿＿＿＿＿ 日　　　期:＿＿＿＿＿		

项目 2 ERP 沙盘模拟经营

学习任务

1.了解 ERP 沙盘模拟平台。

2.掌握 ERP 沙盘模拟经营——引导年年初经营。

3.掌握 ERP 沙盘模拟经营——引导年年中经营。

4.掌握 ERP 沙盘模拟经营——引导年年末经营。

5.熟悉 ERP 沙盘模拟经营引导年经营操作流程。

任务1　ERP沙盘模拟平台介绍

学习目标

1.了解 ERP 沙盘模拟平台。

2.熟悉 ERP 沙盘模拟经营约创平台登录方式。

3.熟悉通过约创平台开展 ERP 沙盘模拟经营实训。

【案例导入】

对话 ERP[1]

小郑成功应聘灿峰公司 ERP 经理,老板黄总要求他马上上任。一大早,郑经理来到灿峰公司正准备好好干一场,就被人事全经理领着去见了黄总。

"郑经理,听说你在以前那个公司实施 ERP 很成功,是吗?"黄总一见面,就开门见山地问道。

"是的。"郑经理一开始还有点拘谨,"以前我是在制造业公司实施 ERP,通过一年多的时间, ERP 已经可以顺利运行,并已经展现其效果。"

"哦,郑经理,我们公司现在也急迫要上 ERP,但是我们对 ERP 都还不是很熟悉。你能简单地描述一下吗?"

郑经理一愣,心想:这不会又是面试吧?

"其实,对于 ERP,有很多认识误区,在谈 ERP 前,我们先要正确认识 ERP。"郑经理打起精神,娓娓道来:

"第一,ERP 只是一个工具,不是一个百宝箱,不能解决企业的所有问题。一些企业的经理往往把 ERP 看作魔术师手中的道具,想怎么变就怎么变,认为只要上了 ERP,企业所有问题都解决了。其实,这是错误的。因为 ERP 只是一个工具,而这个工具用得好不好,关键还是靠人,人用对了,人培养好了,ERP 这个工具自然可以给公司带来很大利益。"

郑经理顿了一顿,继续道:

"第二,ERP 是对制度的强化和巩固,不能用它来代替企业的管理制度。现在有些企业,往往是因为企业的迅速扩张,企业管理制度跟不上了(即要上 ERP 就必须要有一个合格的企业管理制度),就上 ERP。其实,这是本末倒置。正确的应该是,先理顺企业的管理制度,再建立一套完整的企业内控制度,最后用 ERP 强化,来进行管控。"

"第三,太强调企业的个性化,而忽视了行业的标准流程。ERP 设计的时候,遵循一个理念,就是成功可以复制。我们复制行业第一的企业,虽然我们不能成为第一,但是我们会成

1　王泽鹏,彭庆武,郭黎.新编 ERP 沙盘模拟企业经营教程[M].2 版.大连:大连理工大学出版社,2014.有修改。

为第二,因为制度的创新成本太高,一旦创新失败,给企业的打击是巨大的。而现在有现成的对象给我们学,我们就没有必要摸着石头过河,没必要花费额外的精力和财力去创新。现在,我们业界一般有个 7∶2∶1 法则,即 70% 是普通的规范,20% 是行业的规范,10% 是公司自己的特色。也就是说,在实施 ERP 时,我们 90% 可以参考标准流程,要把企业的个性控制在 10% 之内,因为企业的个性不一定能给企业带来效果。"(就是说,企业的规范 90% 可以靠其他企业的经验进行规范,然后以最后的 10% 做自己的个性化规范。)

"第四,太注重效率,而不注重效果。"郑经理越说越有精神,"现在效率的时代已经过去了,公司应该更加注重效果。在足球赛场上,有种全场飞的人,从比赛一开始就全场跑,一直跑到比赛结束,看起来好像效率很高,可惜到最后一个球都没进,没有效果;对手以慢打快,反而进了 3 个。实施 ERP 也是如此。ERP 首先看中的是效果,再来考虑效率。所以,一般 ERP 实施的周期都在一年以上,后续的优化更是要好几年时间,看起来效率不是很高,但是每一步,都给企业带来一定的效果。"(也就是说,上 ERP 需要一个很长时间的周期,而不是一两个月可以解决的事情。)

郑经理停下来看了看黄总。黄总听得津津有味,点头示意郑经理继续。

"第五,认为 ERP 跟财务软件一样,就是上一个软件。因为现在很多企业都是先有了财务软件,再上 ERP,所以,很多企业的老总都有这种想法,认为公司上财务软件没什么困难,一个月就上去了,上 ERP 也没什么困难。有这种想法,上 ERP 是非常危险的,因为 ERP 跟财务软件是两个不同的范畴,就像造一叶小舟和一艘航空母舰,虽然都是在水上行走,但是两者没有可比性。上 ERP 比上财务软件,要花费更多的精力和财力。"(其实和第四点一样,ERP 软件需要一个比较长的时间,而且也是一个复杂的过程。)

"第六,赶时髦,不顾企业实际情况,上 ERP。社会发展到今天,还有很多企业觉得国外的软件比国内的好,动不动就花个几百万元去买国外的 SAP 等 ERP 软件。其实,中国的企业还是很有中国特色的,跟国外的有一定的区别。所以,国外的软件不一定就适合中国的企业。在选择 ERP 软件时,要根据企业自己的规模、行业的特点,选择适合自己的,不要盲目追求功能全、价格高的软件。其实有些 ERP 功能,就像现在的手机一样,很多功能都是可有可无的,有些甚至成了鸡肋,丢之可惜、食之无味,到时反而会分散注意力。"

"第七,眉毛胡子一把抓,不抓重点。其实,每个企业都有一些特殊的问题,希望能够第一时间解决,这大概占 20% 左右。有些问题可以暂时缓一缓,或者付出一定的精力来解决问题,不能给企业带来相应的效果,这大概占 80%。这就是有名的 20∶80 定律。一些企业上 ERP 的时候一上来就想解决企业所有的问题,或者先解决企业次要的问题。如有的企业生产这一块儿的内容还不是很完善,就急着想解决办公用品这一块儿,这就是不抓主要矛盾。"

"第八,形式上的一把手工程,ERP 实施组长没有足够权利。"郑经理笑了笑说,"先声明,这不是我在讨权利,而是就事论事。因为 ERP 会涉及各个部门的利益,所以作为 ERP 项目的推动者,ERP 项目组长要有凌驾于各个部门经理以上的权利,他要有调动各个部门人员的权利,要有对各个项目成员进行奖惩的权利。否则,遇到冲突时,项目组长就无法调动他们,无法下发任务,也就无法按计划推行 ERP,甚至会半途搁浅,所以,一开始,就要赋予 ERP 经理充分的权利。"

郑经理喝了一口茶,作了总结:"以上八点是现在企业一般会犯的一些错误认识,这对

ERP 项目的推行影响很大,有时候甚至会成为 ERP 项目成败的关键。所以,我觉得,黄总,在以上这几方面,我们应该达成共识。"

"不错,你讲得不错,很有见地。"黄总笑了笑说,"有你做我们的 ERP 项目经理,我相信,我们的 ERP 项目肯定可以成功。郑经理,那你先做个规划出来,看看我们接下来需要怎么做 。"

"没问题,黄总,我会用两天的时间把规划写出来。"郑经理耸了耸肩,"黄总,您叫我郑经理我还真是不习惯,您以后叫我小郑好了。"

"好好,小郑。"黄总拍了拍郑经理的肩,"好好去做吧,我会支持你的!"

【相关知识】

2.1.1　约创平台简介

"约创"创新创业实践平台提供模拟真实企业经营的环境,让学生在自己所处的岗位上完成岗位的工作任务,支撑企业运行,了解岗位的日常工作,体验基于岗位的业务决策以及岗位、部门间的协同合作对企业运行的意义。真实感受企业产品生产、销售、资金流的运转过程,体验企业在竞争环境下的管理过程、业务流程以及发展过程。

2.1.2　平台登录

约创平台作为互联网云平台,在能连接互联网的地方, 可以随时登录。约创平台的标准浏览器为:谷歌 Chrome 浏览器。

平台地址:https://www.staoedu.com/。

平台账号:学生本人手机号。

平台密码:以验证码形式发送至学生手机(如未收到,或短信验证码找不到,可于登录界面通过"忘记密码"进行重置),如图 2-1 所示。

图 2-1　约创平台登录界面

2.1.3　实训界面

学生在登录后会进入个人主页,点击最上方的"学习"一栏,将跳转界面至学习界面,如图 2-2 所示,而后点击界面右侧的蓝色"我的实训"按钮,进入实训界面,如图 2-3 所示。

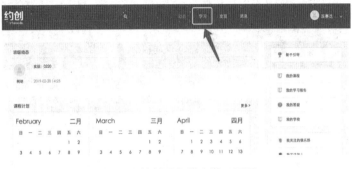

图 2-2　约创平台创建学习界面

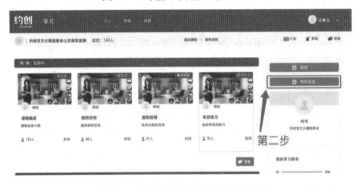

图 2-3　约创平台"我的实训"界面

根据老师提供的"实训名称",学生选择正确的实训,点击"立即进入",如图 2-4 所示,并在比赛界面右上角点击"进入实训"进入比赛界面,如图 2-5 所示。对于未开始的实训,学生可进入,但无法开始游戏。

图 2-4　约创平台"立即进入"界面

图 2-5 约创平台"进入实训"界面

【任务评价】

表 2-1 "ERP 沙盘模拟平台介绍"任务评价表

任务编号	2-1	任务名称	ERP 沙盘模拟平台介绍	课程名称	ERP 沙盘模拟运营实训	
技能点与思政元素		评价指标			评价权重/%	评价得分（百分制）
		A	B	C		
专业技能	任务计划制订	任务计划合理,准备充分,实施过程中有详细的记录	任务计划合理,准备较充分,实施过程中有记录	任务计划较合理,准备较充分,实施过程中记录不全	20	
	任务实施结果	在规定的时间内完成任务,较好完成模拟经营平台操作,掌握企业经营、创新创业的知识	在规定的时间内完成任务,掌握大部分模拟经营平台操作,掌握企业经营、创新创业的知识	在规定的时间内完成任务,掌握一部分模拟经营平台操作,掌握企业经营、创新创业的知识	40	

续表

技能点与思政元素		评价指标			评价权重/%	评价得分（百分制）
		A	B	C		
专业技能	实训报告	能完整地总结任务的开始、过程、结果，认真总结分析完成情况	能较完整地总结任务的开始、过程、结果，分析完成情况	能总结任务的过程、结果和完成情况	20	
课程思政	纪律	不迟到，不早退，中途不离开任务实施现场	不迟到，不早退，中途离开任务实施现场的次数不超过一次	有迟到或早退现象，中途离开任务实施现场的次数不超过两次	5	
	实训环境整理	严格按照实训场所规范操作，操作完成后主动做好现场清理工作，态度认真	能够按照实训场所规范操作，操作完成后做好现场清理工作，态度认真	基本按照实训场所规范操作，操作完成后做好现场清理工作	5	
	团队协作	配合很好，积极主动完成分工职责，认真完成任务	配合较好，能够按照组长的安排完成任务	能够与同学配合完成任务	5	
	语言能力	积极参与沟通，回答问题，条理清晰，声音洪亮	主动参与沟通，回答问题，条理较清楚，声音较大	能够参与沟通，回答问题，声音清晰	5	

任务评价总体成绩：_____

评价教师签字：_____

日　　　期：_____

任务 2　ERP 沙盘模拟经营——引导年年初经营

学习目标

1.了解模拟企业引导年年初经营需要进行的操作。

2.熟悉模拟运营操作引导年年初规则,掌握各项评价指标。

3.熟悉模拟运营引导年各个岗位的任职要求,明确各自的工作职责。

【案例导入】

身无分文而成为世界船王[1]

常言道:身无分文,寸步难行,然而这句话用在丹尼尔·洛维洛身上,并不绝对,虽然他一无所有,但他充分发挥才智,筹得一大笔资金,为自己成为"世界船王"打下了坚实的基础。

丹尼尔·洛维洛自小就与船结下了不解之缘,令人惊讶的是,他未用一分钱,竟筹到了钱、赚到了钱,最后还成为世界著名的船王。

1937 年,丹尼尔·洛维洛一到纽约,便匆匆出入几家银行之间,做着儿时便想做的事——借钱买船。他想向银行贷款把一艘船买下来,改装成油轮,因为当时载油比载货赚钱。银行的人问他有什么可做抵押。他说,他有一艘老油轮在水上,正在跑运输。接着,丹尼尔·洛维洛将自己的打算告诉对方,他把油轮租给一家石油公司,他每个月收的租金,正好每月分期还他要借的这笔款子。所以,他建议把租契交给银行,由银行向那家石油公司收租金,如此也就等于他在分期付款。

这种做法看似荒唐,许多银行肯定叫他走人,但是实际上,这种做法对银行来说是相对保险的。丹尼尔·洛维洛本身的信用或许并非万无一失,但那家石油公司却是可靠的。银行可以假定石油公司会按月付款,除非有预料不到的重要灾祸发生。退一步说,如果丹尼尔·洛维洛把货轮改装成油轮的做法最终失败了,但只要那艘老油轮和石油公司在,银行就不怕收不到钱。最后,钱转到了丹尼尔·洛维洛手中。丹尼尔·洛维洛用这笔钱买了他要买的旧货轮,并将它改为油轮租了出去,然后利用它去借另一笔款子,再去买一艘船。如此几年后,每当一笔债付清了,丹尼尔·洛维洛就成了这艘船的主人。

丹尼尔·洛维洛没掏一分钱,便拥有了一支船队,并赢得了一笔可观的财富。

不久,又有一个利用借钱来赚钱的方法在丹丹尔·洛维洛的脑海里形成了。他设计了一艘油轮,在没有开工建造时,他就找到愿意在船完工后把它租下来的客户。于是,他手里拿着出租契约,跑到一家银行去借钱造船。这种借款是延期偿还的方式,银行要在船下水后

1　王泽鹏,彭庆武,郭黎.新编 ERP 沙盘模拟企业经营教程[M].2 版.大连:大连理工大学出版社,2014.有修改。

才能开始收钱。船一下水,租费就可以让给银行,于是这项贷款就以上面所说的方式付清了。最后等到一切交易完成,丹尼尔·洛维洛就以船主的身份将船开走,但他一分钱没有花。

开始时,银行再次大为震惊。当他们仔细研究之后,觉得他的话非常有理。此时丹尼尔·洛维洛的信用已经没有问题,何况,还与从前一样,有别人的信用强化着还款保证。

就这样,丹尼尔·洛维洛的造船公司迅速发展壮大起来,他真正成为一位大富豪。

【相关知识】

本部分为约创电子沙盘引导年的操作说明及简要规则说明,请同学们按照以下操作顺序进行操作,并熟悉约创电子沙盘功能。在本部分说明中的数据,仅适用于本规则,用作例子以方便讲解规则,不同规则中,数值可能会存在差异。请同学们在进行比赛前,通过规则按钮,查看具体比赛规则数据,在充分熟悉规则的前提下进行比赛。

2.2.1　了解界面

进入实训后,将进入沙盘界面,如图 2-6、图 2-7 所示。

不清楚自身岗位的同学,通过左上角的"岗位详情",查看自己所处的岗位。

确认岗位后,点击"公司大厦",进入对应岗位的办公室。

图 2-6　约创平台公司大厦示意图

图 2-7　约创平台职能部门示意图

进入对应岗位办公室后,可看到所属岗位功能,以总经理为例,其界面按钮分布如图2-8所示。

图2-8   约创平台总经理功能示意图

个人信息:左上角。

协同通道:右上角,可通过协同通道查看其他岗位信息。

资金:左上角,是该岗位可支配资金,非公司整体运营资金。

时间:界面正上方。

进度条:显示当前阶段剩余时间。

日历:总经理调整日期的功能,其余岗位为刷新按钮。

规则:可查看当前比赛的相关比赛参数。

岗位功能:正下方,各个岗位所属功能。

报表功能:正下方,各个岗位在年末进行报表上报的功能,总经理及财务总监有"报表上报"功能,其余各岗位仅有"填制报表"功能。

经营信息:界面右侧。

消息中心:可查看其他岗位操作通知,以及部分整体操作通知。

公司详情:可查看公司目前经营情况,包括现金、资质开发等。

查看年度经营结果:在进入年末阶段后,可查看本年度经营情况。

2.2.2   了解公司情况

进入岗位办公室后,各岗位需要首先知道公司的现状,才能够根据这个进行未来计划的指定。请点击公司详情,如表2-2所示。

表2-2   模拟经营公司初始资产负债表

单位:万元

资产	期初数	期末数	负债和所有者权益	期初数	期末数
流动资产:			负债:		
货币资金		320	长期负债		200

续表

资产	期初数	期末数	负债和所有者权益	期初数	期末数
应收账款		10	短期负债		0
预付账款		0	预收账款		0
在制品		60	应付账款		0
产成品		60	应交税费		1
原材料		30	一年内到期的长期借款		0
流动资产合计		480	负债合计		201
固定资产			所有者权益		
土地和建筑		200	实收资本		500
机器设备净值		130	利润留存		100
在建工程		0	本年净利		9
固定资产合计		330	所有者权益合计		609
资产总计	600	810	负债和所有者权益合计	600	810

我们可以发现,公司目前已有现金 320 万元,但这 320 万元中有 200 万元的贷款。同时公司已有一些土地(厂房)、机器设备(生产线)和原料,这意味着企业可以直接投入生产。

作为生产型企业,生产能力和市场嗅觉都是很重要的,只有持续不断地生产市场需要的、利润较高的产品,企业才能够获得更高的利润。

在后续的小节中,操作引导年将以熟悉操作、了解规则为第一要务,遵循操作、引导的企业会在第一年有小幅的亏损,且在引导年所涉及的预算申请数据只是引导年所做的示例数据,不是唯一的,在完成引导年进行后续操作时需要根据实际情况进行申请,请同学们悉知。

2.2.3　年初

年初共 20 分钟,分为三个阶段:【广告投放】5 分钟,【第一轮选单】10 分钟,【第二轮选单】5 分钟。在这三个阶段中,共需要完成广告投放、选单及资质开发三项工作。

1)【广告投放】阶段

【广告投放】阶段是唯一能进行"促销广告"投放的阶段,投放"促销广告"的目的是提升该市场中本企业的"企业知名度排名",订单将按照"知名度排名"顺序进行分配。

【广告投放】阶段时间截止后,企业将无法继续投放"促销广告",企业知名度排名固定。

【广告投放】阶段可进行的操作:

总经理:预算申报、年初订货(广告投放)、资质开发(市场准入/ISO 资质)

财务总监:拨款

其他岗位:预算申报

【广告投放】阶段需完成的操作：

（全部）查看市场→（总经理）预算申报→（财务总监）拨款→（总经理）广告投放

（1）（全部）查看市场

广告投放直接决定了企业获取订单的能力，而广告又是分市场投放的。对于企业而言，提前规划自己想要获取的订单，确定优势战场是很重要的，而这个规划是根据市场预测进行的。（如何分析市场预测详见后续章节［3.1.1 市场分析］）

操作：点击年初订单，再点击市场预测，即可查看，如图 2-9、图 2-10 所示。

【注：不同规则中市场预测不同，请于年初订单→市场预测中查看具体时长规则。】

图 2-9　订货会界面

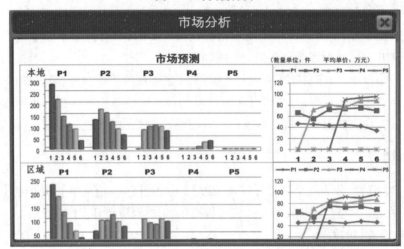

图 2-10　市场分析界面

（2）（总经理）预算申报

当任何岗位需要使用资金时，需要在自己的岗位资金（左上角）的资金处有足够的现金。如果没有则需要通过"预算申报"向财务总监进行"预算申报"。

操作：在最下方岗位功能中找到"预算申报"，点击并填写信息，提交，如图 2-11、图 2-12 所示。

在本次引导年中,总经理需申请 20 万元的预算。

图 2-11　预算申报界面

图 2-12　预算申报填写界面

(3)(财务总监)拨款

在任意岗位"预算申报"之后,财务总监可在"拨款"处查看该岗位所申报的金额及原因。财务总监可选择"驳回"或"批准",如果财务岗位现金不足则无法批准。

操作:在最下方岗位功能中找到"拨款",点击查看,进行"驳回"或"批准",如图 2-13、图 2-14 所示。

在本次引导年中,请批准总经理 20 万元的预算。

图 2-13　拨款审批界面

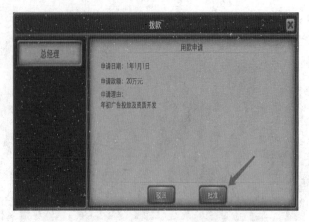

图 2-14　用款申请批准界面

注:批准后可发现,财务总监左上角资金,由原来的 320 变为 300,减少的 20 出现在总经理左上角的资金中,如图 2-15 所示。

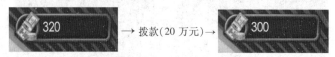

图 2-15　拨款示意图

(4)(总经理)广告投放

"广告投放"用于提高该企业当前市场知名度。该广告为"促销广告",其知名度数值只作用于当前年度,于下一年度清零。知名度排名在不同市场中单独计算。

操作:在"年初订货"的"广告投放"中点击"投放广告",选择市场进行"促销广告"投放。需查看企业知名度排名时,点击"刷新",如图 2-16 所示。

本次引导年中,在本地市场,投放 10 万元广告费用,如图 2-17 所示。

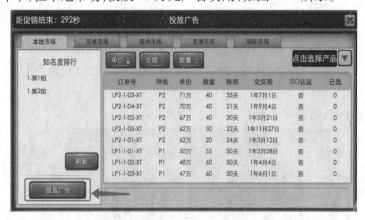

图 2-16　投放广告界面

2)【第一轮选单】阶段

【第一轮选单】阶段中,各队伍同时进行订单的申报。申报后仍可以修改,最终以【第一轮选单】阶段结束时的已申报订单进行订单的分配。

各队伍同时对各个市场订单进行申报(市场未开发不可申报)。

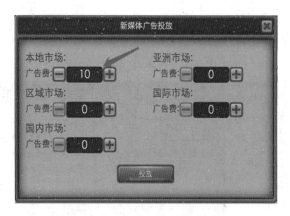

图 2-17　投放广告数据输入界面

所有岗位均可申报,系统以最后一次申报数量为准。

【第一轮选单】阶段结束后,系统根据"知名度排名"对订单进行分配,对于某个订单,按照"知名度排名"依次分配,如剩余数量为 0,则后续企业无法获得(或只能获得部分)该订单。

> 例如:编号为 Lp1-1-01-XT 的订单共 55 个,知名度排名为 1 的公司申请 50 个,排名为 2 的公司申请 10 个,排名为 3 的公司申请 10 个。结算时,知名度排名为 1 的公司将获得 50 个,排名为 2 的公司获得 5 个,排名为 3 的公司获得 0 个。

选单需要根据自己的生产力和生产结构进行选择,如果无法完成订单则需要支付违约费用并扣减企业 OID(如何选单可参见后续章节[3.1.1 市场分析])。

(1)(全部)订单选择

订单需根据不同市场单独查看;在市场内,可根据不同产品进行查看;可根据单价、交期、数量进行排序。

订单列表中的属性及对应内容以 Lp1-1-01-XT 为例说明,如表 2-3 所示。

表 2-3　订单格式示意图

(该订单详细数据仅适用于本规则)

订单号	Lp1-1-01-XT	订单唯一标识
种类	P1	订单产品类型
单价	50 万元	单个产品为 50 万元
数量	55 个	产品共 55 个
账期	50 天	交货 50 天后才能获得货款
交货期	1 年 2 月 28 日	交货截止日期,过期进入违约容忍期
ISO 认证	否	不需要 ISO 认证也可继续; 如有 ISO 要求,则标明
已选	0	订单已选个数,与最终分配数额不同

操作:选中所申报订单(颜色变深),点击申报,并选择数量。如果多选,或少选,可通过再次申报更改申报数值,如图2-18所示。

本次引导年中,请选择"LP-1-01-XT"订单1个。

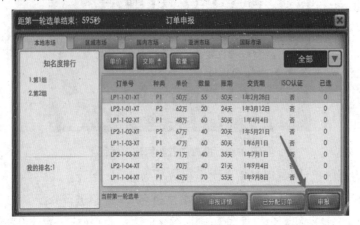

图2-18　订单申报界面

(2)(全部)订单查看

申报后,可在申报详情中查看已申报订单,如图2-19所示。

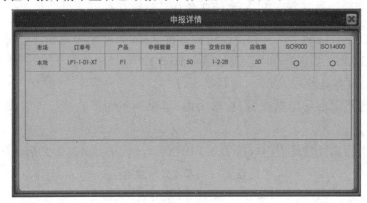

图2-19　订单申报详情界面

3)【第二轮选单】阶段

【第二轮选单】阶段是对【第一轮选单】阶段选单的补充,对于在【第一轮选单】存在未选中订单或未选够订单的,可以在【第二轮选单】阶段中进行补选。【第二轮选单】阶段的订单为【第一轮选单】阶段中剩余的订单。

【第二轮选单】阶段的选单操作与【第一轮选单】阶段相同,【第一轮选单】选中的订单无法更改,如需追加,则需申报追加数额,而增加订单总数。(图2-20)用户可以通过查看"已分配订单"查看在【第一轮选单】阶段中,被分配的订单。

4)【资质开发】在三个阶段均可进行

在【年初】阶段,整个20分钟内,都可以进行年初的资质开发。资质开发分为市场准入、ISO认证、产品资质三种,其中市场准入及ISO认证是可以在年初进行开发的资质。这两种资质当年年初开始开发,在次年年初完成一个阶段。

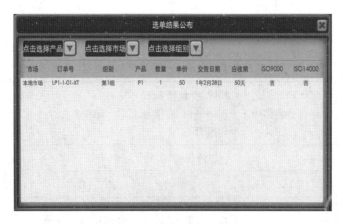

图 2-20　选单结果公布界面

市场准入:选择该市场的订单,需要先开发"市场准入",开发完成后,才能进行选单。

ISO 认证:部分订单需要有 ISO 认证才可以选择。

(总经理)资质开发

资质开发需要总经理的账户中存在足够的资金才可以开发资质。资质开发列表中,对应属性及代表含义如表 2-4 所示。ISO 认证说明:ISO 认证为产品质量认证,包括 ISO9000 认证、ISO14000 认证。

表 2-4　总经理资质属性及含义分析表

开发总期	共需开发几期
单期时长	每期开发所需时间(1 年)
单期费用	每期开发所需费用
当前开发	当前开发了第几期

操作:在需开发的市场/ISO 下,"点击投资",如图 2-21 所示。

本次引导年中,总经理账户中仍有 10 万元,可投资区域市场。

图 2-21　资质开发界面

【任务评价】

表2-5 "ERP沙盘模拟经营——引导年年初经营"任务评价表

任务编号	2-2	任务名称	ERP沙盘模拟经营——引导年年初经营	课程名称	ERP沙盘模拟运营实训	
技能点与思政元素			评价指标		评价权重/%	评价得分（百分制）
		A	B	C		
专业技能	任务计划制订	任务计划合理,准备充分,实施过程中有详细的记录	任务计划合理,准备较充分,实施过程中有记录	任务计划较合理,准备较充分,实施过程中记录不全	20	
	任务实施结果	在规定的时间内完成任务,较好地完成引导年年初经营操作,掌握企业经营、创新创业的知识	在规定的时间内完成任务,掌握大部分引导年年初经营操作和企业经营、创新创业的知识	在规定的时间内完成任务,掌握一部分引导年年初经营操作和企业经营、创新创业的知识	40	
	实训报告	能完整地总结任务的开始、过程、结果,认真总结分析完成情况	能较完整地总结任务的开始、过程、结果,分析完成情况	能总结任务的过程、结果和完成情况	20	
课程思政	纪律	不迟到,不早退,中途不离开任务实施现场	不迟到,不早退,中途离开任务实施现场的次数不超过一次	有迟到或早退现象,中途离开任务实施现场的次数不超过两次	5	
	实训环境整理	严格按照实训场所规范操作,操作完成后主动做好现场清理工作,态度认真	能够按照实训场所规范操作,操作完成后做好现场清理工作,态度认真	基本按照实训场所规范操作,操作完成后做好现场清理工作	5	

续表

技能点与 思政元素		评价指标			评价权重 /%	评价得分 （百分制）
		A	B	C		
课程思政	团队协作	配合很好,积极主动完成分工职责,认真完成任务	配合较好,能够按照组长的安排完成任务	能够与同学配合完成任务	5	
	语言能力	积极参与沟通,回答问题,条理清晰,声音洪亮	主动参与沟通,回答问题,条理较清楚,声音较大	能够参与沟通,回答问题,声音清晰	5	

任务评价总体成绩:_____

评价教师签字:_____
日　　　期:_____

任务 3　ERP 沙盘模拟经营——引导年年中经营

学习目标

1.了解模拟企业的组织结构、经营环境,以及基本经营思路。

2.熟悉模拟运营操作规则,掌握各评价指标。

3.熟悉各个岗位的任职要求,明确引导年经营年中各自的工作职责。

【案例导入】

互联网遇上汽车制造:小鹏汽车的战略、商业模式创新与管理[1]

小鹏汽车 2014 年成立于广州,以"通过智能制造创造更美好的出行生活"为使命,致力于打造年轻人喜爱的互联网新能源汽车品牌。面对潜在的客户,小鹏汽车以"自动驾驶"和

---

[1]　蔡祥,杨世信,刘运国,等.互联网遇上汽车制造:小鹏汽车的财务职能嬗变与挑战[J].中国管理会计,2019(4):91-103.有修改。

"智能网联"作为产品差异化竞争的核心,目标是成为智能汽车的领导者。

秦承互联网的开放精神与迭代思维,小鹏汽车在造型设计的初期,引进粉丝参与项目方案的评审、意见的甄选以及方案确定等环节。在开发过程中,对软硬件进行快速迭代,通过模块化设计,使产品即使在到达消费者手中后依旧能够继续快速升级,并结合消费者的驾驶习惯不断学习升级。在生产制造方面,采取代工、生产两步走的策略。公司首先与制造经验丰富的海马汽车合作,采取代工模式生产第一款产品,既保证了产品的交付质量,也有利于尽快将产品推向市场。同时,公司在肇庆的智能制造基地用于新的轿跑车型的生产。

为了将产品顺利推向市场,小鹏汽车基于智能汽车的生态进行了销售模式的创新。公司一方面将传统的4S店分拆为两个2S店,在核心商圈等用户触达率较高的场景开始聚焦体验和销售的2S店,即体验中心;而聚焦交付、售后的服务中心根据城市用户容量及区域做成集成分布,以减轻传统4S店重资产经营的负荷。另一方面,采用线上电商和线下触点同步构建直营、授权相结合的经营模式,实现统一售价、销售流程一致、服务标准一致的服务体系,保障用户体验。

伴随产品的批量交付,小鹏汽车的用户服务也在体系化建设之中。小鹏汽车从用户视角出发,通过链接用户选车、买车、提车、用车、养车的各个场景,将用户需求及时转化到小鹏汽车的产品和服务优化中,提升产品全生命周期的用户体验。同时,公司2019年6月以"有鹏出行"的品牌正式进入网约车实操,尝试通过这种新的运营模式迅速扩大自己的市场份额、品牌影响力,为产品、生态系统的迭代开发提供更多的数据与经验。

当新造车势力带着互联网的基因进入传统汽车行业时,汽车产业从投资、研发、制造、销售到用户使用都发生了深刻的变革。这些变更不仅影响着汽车企业的盈利模式、组织结构,而且要求财务的重心、职能以及组织结构进行适应性调整。

首先,互联网汽车的投资门槛被大大降低。传统汽车产业呈现典型的重资产特性,生产环节的资产投入巨大。为了避免重复投资、建设或利用闲置的产能,未来的产业政策可能允许新的汽车企业走信息技术(IT)化生产路线,即拥有品牌、技术及设计,而减少重资产的生产环节,这既有利于发挥新造车势力自身的优势,又可以解决传统企业转型过程中面临的产能过剩问题。相应地,汽车行业财务关注的重点也从传统的制造环节转向前端的研发和后端的销售、服务。

其次,从产品研发维度看,汽车正逐步由带有电子功能的机械产品向带有机械功能的电子产品转变。在此过程中,汽车产品成本构成中硬件和软件的比例将发生显著变化,软件的成本比重逐渐上升。一般而言,硬件通过换代升级才能实现技术进步,升级的研发成本不一定能带来产品价格的上升,但硬件改造或配置的增加却可能带来供应链成本的上升。同时,硬件的研发投入必须通过升级后的车型销售来实现,对盈亏平衡点销售量的追求决定了传统汽车的更新换代无法快速进行。软件则可以通过迭代开发,实现产品的不断完善和技术的升级进步,有利于新车型的快速推出,已经销售的旧车型也可以通过"空中下载"(OTA)技术进行在线升级。产品生命周期的缩短以及成本投入向前后端的转移使得产品收入、成本呈现代际叠加的模式,传统的研发项目评估变得不合时宜。

再次,在制造方面,大规模、同质化的标准生产模式向大规模、定制化的智能生产模式转变,以有效兼顾成本和用户个性化需求。灵活制造使得生产环节需要分配的制造费用大量上升,而直接费用比重下降。借助于制造企业在生产过程中执行管理系统(MES),实现成本分配动因等信息的自动抓取,将是智能制造环境下提升成本核算准确性的必要手段。汽车的快速迭代伴随着价格下降很可能成为一种正常现象,在这一过程中如何通过合理的定价平衡企业的成本水平变化、市场份额追随、老用户的心理感受,是财务需要配合营销部门的重要任务。

最后,传统汽车企业盈利主要来自产品销售的一次性收入,汽车一旦交付,除了部分零配件的销售收入,客户将不再为公司带来进一步的收入。互联网汽车企业基于新的运营模式及其互联网的属性,在充电、电池更换、平台数据等方面拥有更多的收入变现的可能。比如互联网汽车通常伴随着一个强大的应用程序(App)平台,这个平台产生的下载收入,互联网汽车公司可以和 App 运营商通过分成共享,而且汽车销售量越大,这个分成的潜在收入越高,这也是小鹏汽车希望以低价尽快扩大销量的重要原因。在销售渠道上,传统企业依赖4S店等代理商,甚至通过向其压货等方式来转移自己的销售压力,企业缺乏对市场一手信息的掌握。新造车势力借助一体化信息系统,打通从制造到销售终端的信息系统,代理商只需要负责卖车推广与顾客服务,订单制造与产品交付由公司完成。在这种情况下,下游的市场信息反馈更为适时,由于完全由客户订单驱动生产、采购,就避免了存货的大量积压,但为了保证生产的平稳进行,也同时要求更为准确及时的销售预测,对企业的财务工作提出了更高的要求。

总而言之,互联网技术在汽车行业的应用,将把汽车行业的核心竞争力,从传统的产品制造转向全生态链发展与数据的挖掘,价值的增加贯穿于汽车设计研发、采购物流、生产制造、销售及售后服务的各个环节。传统的仅关注产品在制造阶段的成本控制是远远不够的,更需要从产品、顾客的生命周期角度去分析。

汽车产业的变革需要提高内部和外部的竞争力,财务职能的转变,将是新造车势力提升竞争力的重要内部因素之一。借助于业务闭环与信息系统的整合,企业的财务管理活动可以深入产品设计、研发、采购、生产、销售、售后服务等各项活动中去,形成财务业务的一体化,从而更有效地服务于价值创造。

【相关知识】

2.3.1 1月(生产准备)

1月需要进行生产准备工作。一家生产型企业需要通过生产产品并销售来营利,而生产产品的先决条件是厂房、生产线、产品开发资质。同时,小组成员也需要熟悉企业运营的基本操作,如时间跳转、缴纳管理费等,如图2-22所示。

(引导年的任务,会相对简单松散,以体验全部功能为主,具体沙盘竞赛中的操作请理解操作内容后进行安排。)

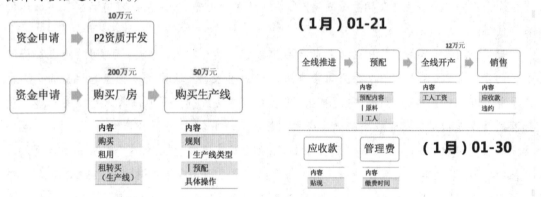

图 2-22 引导年 1 月操作任务示意图

1)本月操作总览

表 2-6   1 月操作任务总览表

岗位	时间	执行动作	任务描述	资金变动/万元
总经理	1月1日	资质开发	开发 P2 资质	−10
总经理	1月1日	购买厂房	购买 B 厂房	−200
生产	1月1日	建立生产线	在 2001 生产线建立 P2 自动线	−50
总经理	1月1日	跳转时间	1月1日跳转至1月21日	
生产	1月21日	推进生产	推进 1001 生产线生产	
生产	1月21日	预配	对 1001 生产线预配	
生产	1月21日	全线开产	对 1001 生产线开产	−12
销售	1月21日	产品销售	销售产品	
总经理	1月21日	跳转时间	1月21日跳转至1月30日	
财务	1月30日	应收款	获取应收款项	+10

续表

岗位	时间	执行动作	任务描述	资金变动/万元
财务	1 月 30 日	缴纳管理费	缴纳管理费	-5
总经理	1 月 30 日	跳转时间	本月结束跳转至 2 月	

2)(总经理)P2 资质开发

资质是产品生产的必要条件,只有开发完成某产品资质,才能在生产线生产某种产品。产品资质未开发完成时,仍可建立该产品的生产线,但该生产线无法开产,如图 2-23、表 2-7 所示。

(在引导年的规则中,系统自带 P1 的产品资质,其余资质均需要开发,下面以 P2 为例,解释产品资质的相关属性。)

【企业产品资质开发的情况见公司详情:资质状况】

图 2-23 产品资质开发界面

表 2-7 研发资质数据分析表

研发总期	3 期	共投资 3 次,均需"点击投资",不自动进入下一阶段
单期天数	60 天	一共需 3×60 天 = 180 天可将 P2 资质开发完成
单期费用	10 万元	一共需 3×10 万元 = 30 万元资金
当前开发	—	代表当前开发至第几期

操作:在需开发的产品资质下"点击投资"。已投资且未到本阶段开发完成时间,按钮为灰色"已投资",如图 2-24 所示。

(本次引导中,总经理需于 1 月 1 日投资 P2 产品资质。总经理需先申请 10 万元资金,投资产品资质。60 天后,于 3 月 1 日可再次进行资质投资。)

图 2-24　产品资产已投资界面

3）(总经理)购买厂房

在引导年的规则中,企业已拥有一个厂房,但为了企业发展仍然需要购买一个厂房,并在其上建立生产线。

厂房是建立生产线的必要条件(1 个厂房可建立 4 条生产线,最多 4 个厂房),生产线是生产产品的必要条件。厂房在沙盘内可进行租用或购买,其相应的操作及影响如表 2-8 所示。

(现以引导年数值为例进行购买房产相关的讲解。)

【注:厂房规则详见项目 1 任务 3 中厂房使用规则】

表 2-8　厂房规则数据分析表

购买	200 万元	将 200 万元的现金转为资产,权益不变
租用	40 万元/年	花费 40 万元的租金,权益减少
出售	200 万元	需销售厂房中的全部生产线,才能出售厂房,获得现金
租转买	—	先购买厂房,之后厂房退租
买转租	—	先付租金,再将厂房出售

操作:点击厂房购买,在资金充足时直接购买厂房,如图 2-25 所示。

4）(生产总监)建立生产线

生产线是生产产品的必要条件,需要建造在可用(已购买或已租用)厂房中的空位上。建立生产线需要有足够的资金,并且经历一段时间才能够将安装推进至下一阶段。建线规则数据分析表如表 2-9 所示。

(下面以本规则自动线数据为例讲解规则,与其他类型生产线数据及其他规则该类生产线数据均可能产生不同。)

【注:生产线规则详见项目 1 任务 3 中建线规则】

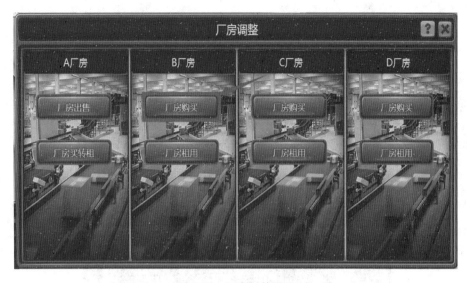

图 2-25　厂房调整界面

表 2-9　建线规则数据分析表

安装总期	3 期	共安装 3 次,需"全线推进",不自动进入下一阶段。
单期天数	60 天	一共需 3×60 天 = 180 天可将生产线建立完成
单期费用	50 万元	一共需 3×50 万元 = 150 万元资金

生产线安装完一期(到期当天或之后),需通过【全线推进】结束本期,开启下期。当生产线仍有下一安装期时,安装投资将从生产总监资金账户中划拨,如金额不足,则推进失败。

操作:点击建立生产线的厂房,在闲置厂房中点击"建线",选择产品及生产线类型并确定。当黄色外框包围住产品或生产线类型时,才是选中,如图 2-26—图 2-28 所示。

(本次引导年,需在 B 厂房 2001 生产线处建立产品 P2,生产线类型为自动线的生产线。生产总监需提前申请 50 万元资金,再进行生产线安装。)

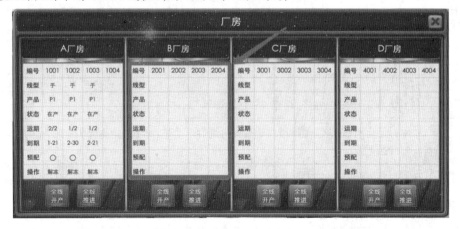

图 2-26　生产线新建界面

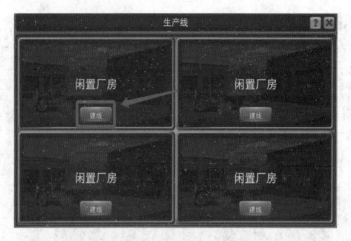

图 2-27　生产线新建界面

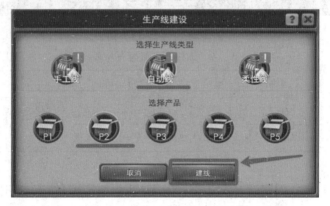

图 2-28　生产线新建界面

5)（总经理）日期推进和(生产总监)生产线推进

在生产总监进行建线操作时,可以看到厂房里已经自带了 3 条手工线在 A 厂房,且每条生产线都有其相应的属性标识,如表 2-10 所示。

表 2-10　生产线数据分析表

编号	标识该生产线的序号
线型	手＝手工线;自＝自动线;柔＝柔性线
产品	在产的产品,如 P1
状态	状态分为停产、在产、在建、技改、转产等
运期	标记运期,如1/2 是推进后还需要再进行一个生产周期;2/2 或 1/1 则为生产完成后,产品下线
到期	当前生产周期的到期时间
预配	○为未预配,●为已预配
操作	解冻/冻结。解冻:全线开产/推进会操作该生产线,反之则不会

生产总监可发现在 A 厂房中，第一条手工线的完成日期为 01-21，即将到期。需要在 1 月 21 日将该生产线推进，如图 2-29 所示。

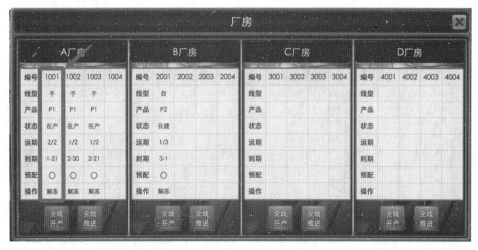

图 2-29　手工线新建界面

该操作步骤为【推进日期】→生产【全线推进】

（1）（总经理）推进日期

总经理协调下次跳转的时间（每个岗位查看自己工作的下一个时间节点，并告诉总经理），进行跳转。

时间只能向前跳转，不能后退。

可直接跳转至当月的某天，不可直接跨越跳转。

可直接结束本月操作，自动跳转至下月（每季度最后一月无法自行跳转，需等待裁判或当月时间结束）。

操作：点击时间边上日历，选择日期，并点击跳转，如图 2-30 所示（本次跳转至 1 月 21 日）。

图 2-30　日期调整跳转界面

（2）（生产总监）全线推进

时间跳转至生产线完成日期后，可进行全线推进工作。对于生产线安装至某阶段结束或生产至某阶段结束的,可使用全线推进。

对于生产完成的,生产线变为停产状态。

操作:在需操作厂房下,点击"全线推进",如图2-31、图2-32所示。

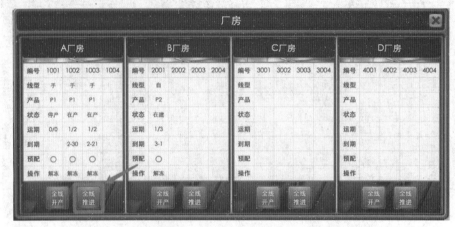

图2-31 生产线全线推进界面

图2-32 生产线推进成功界面

6)（生产总监）预配和开产

当生产线处于停产状态时,生产总监可以开产。生产线开产有两种方式可供选择:手动预配及自动预配。预配是开产的先决条件,需要有足够的产品原料及工人;开产则需要有充足的工人工资才能开产。

自动预配:系统自动进行预配并开产,但会对所有生产线均进行预配及开产操作。如存在原料不足等情况可进行手动预配。

手动预配:通过手动配置产品原料及工人,来满足开产条件。其操作过程为【预配】→【开产】。

（1）（生产总监）预配

生产总监可通过进行手动预配配置产品原料及工人,工人及其工资会影响开产时的费用,不同类型的工人工资不同,不同生产线工人要求也不同,如表2-11、表2-12所示。

（下面以本规则工人需求为例讲解预配规则）

【工人需求详见项目1任务3中人员规则和预配规则】

表2-11 人员预配规则数据分析表

手工线	初级工人×3	4万元×3＝12万元
自动线	初级工人×1 中级工人×1	4万元×1＋5万元×1＝9万元
柔性线	初级工人×1 高级工人×1	4万元×1＋6万元×1＝10万元

（产品需求见"产品规则"，表2-12仅代表当前规则。）

表2-12 产品需求数据分析表

序号	产品标识	R1/件	R2/件	R3/件	R4/件	P1/件	P2/件	P3/件	P4/件
1	P1	1							
2	P2	1	1						
3	P3		2	1					
4	P4		1	1	2				
5	P5			2	1		1		

操作：点击想要预配生产线所在的厂房，选择想要预配的生产线，点击预配，选择产品类型及工人，点击确定。已预配的点击取消，可取消预配，如图2-33—图2-35所示。

（本次需开产生产线1001为手工线，产品为P1，根据表2-12，需预配1个R1，3个初级工人以满足最基本的开产需要。）

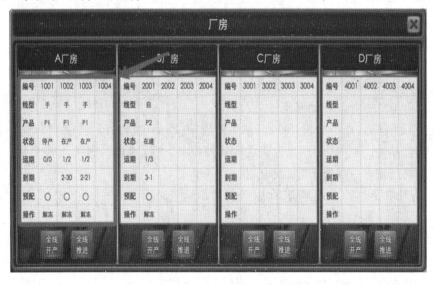

图2-33 生产线开产界面

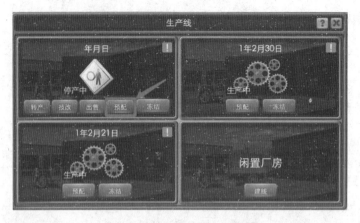

图 2-34　生产线预配界面

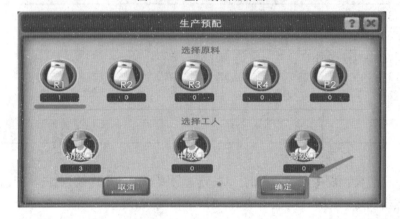

图 2-35　生产线工人预配界面

（2）（生产总监）开产

生产线开产有先决条件：

生产线需进行"预配"，如果未预配系统将自动预配。

需有该产品生产资质。

公司需有足够操作工人。

生产总监账户中资金需足够支付工人工资。

满足生产条件后，点击全线开产，开启生产周期，产品生产时间 =【生产期数】×【每期生产天数】，当产品生产完成（到期当天或之后），需点击"全线推进"，进入下一个生产期，或完成生产。否则产品将一直处于"加工中"状态。

操作：先计算足够的工人工资，向财务总监申请资金，然后点击"全线开产"，如图 2-36 所示。

（本次申请 12 万元。）

7）（**销售总监**）产品销售

在生产总监进行推进之后，在 1 月 21 日，公司下线了一个 P1 产品。对应之前在选购订单时选的 1 个 P1 产品订单，公司可以将其进行销售。

当年分配的所有订单，均可在产品仓库订单中查询。每张订单都会标有状态。所有订

图 2-36　生产线全线开产界面

单必须在订单规定的【交货】日期前(包括当日),按照订单规定的数量交货,订单不能拆分交货。

　　违约:交货日期后的第一天还未完成交货的订单被标注【违约未完成】状态,进入容忍期。

　　容忍期:在容忍期仍然可以进行交货操作,但系统会计算"违约金",并扣减诚信度。如果完成交货,违约金将从应收款中扣除。

　　违约取消:容忍期之后,仍未交货的订单被派放到【临时交易】市场,原订单标注为"取消"状态,不能执行交货操作,同时强制扣除违约金和诚信度。

　　(1)(销售总监)查看库存

　　销售总监在仓库订单中,可以查看到现有的产品库存。

　　操作:点击"仓库订单",如图 2-37、图 2-38 所示。

图 2-37　仓库订单查看界面

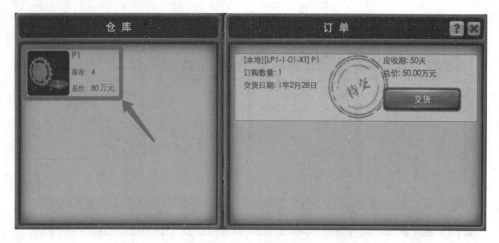

图 2-38　仓库订单详情界面

（2）（销售总监）交付订单

交付订单，并查看成本价等情况。

操作：在"仓库订单"中，点击交货。点击交货后可查看该订单成本，如图 2-39 所示。

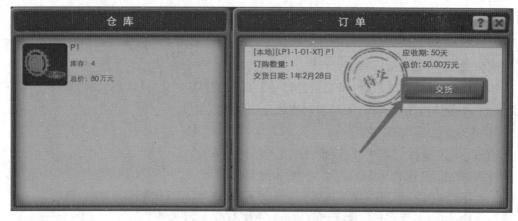

图 2-39　仓库订单交货界面

8）（财务总监）应收款

完成订单交付之后，订单的货款不会立即到账，将会有一定的账期（年初选订单的时候可查看具体账期）。财务总监查看应收款项，在资金周转不足时，可通过付出一部分手续费，贴现获得现金。

（1）（财务总监）查看应收款

往来账中查看应收款项后，可知晓收款日期以及金额。收款日期为交货当天+账期，不到收款日期无法收款（1 月 30 日有一笔应收款项到期，请跳转至 1 月 30 日收取款项）。

操作："往来账"按钮中可查看应收款，如图 2-40、图 2-41 所示。

图 2-40 往来账查看界面

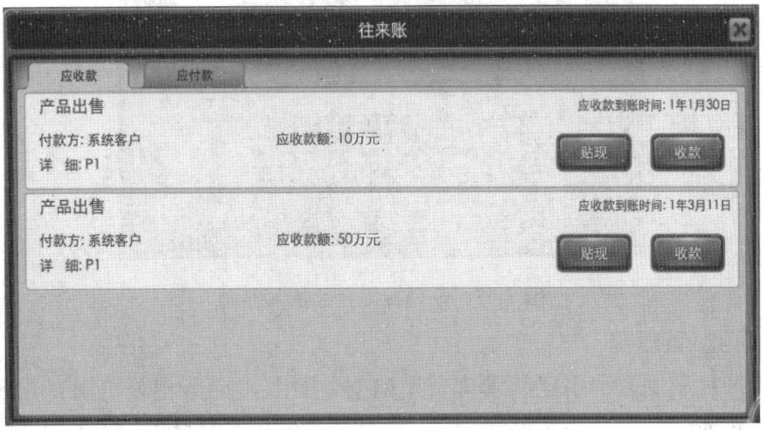

图 2-41 往来账应收应付款查看界面

（2）（财务总监）贴现

当资金周转不足时可进行贴现，贴现需要手续费来获取现金。账期不同的应收款，贴现手续费不同，如表 2-13 所示（表 2-13 只代表当前规则贴现率）。

表 2-13 贴现费用数据分析表

序号	贴现费用率	贴现期/天数
1	0.05	30
2	0.1	60
3	0.15	90
4	0.2	120

操作："往来账"按钮中点击"贴现"，并输入数值（本次不进行贴现），如图 2-42、图 2-43 所示。

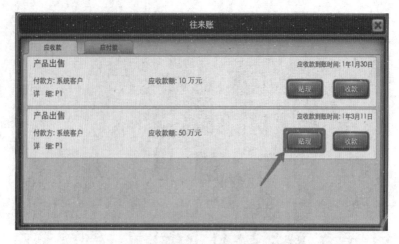

图 2-42　应收款贴现界面

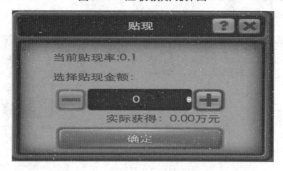

图 2-43　贴现实际金额输入界面

9）（财务总监）管理费

公司运营每月需要缴纳一定的管理费用（包括房租、水电等相关费用），管理费可在每个月内任何时间缴纳。如本月未缴纳管理费，费用将顺延至下月缴纳，扣除 OID 并需额外支付违约金。如下月仍未缴纳，系统将强制扣除管理费。

操作：点击"费用支出"，勾选管理费，并点击"交款"，如图 2-44 所示。

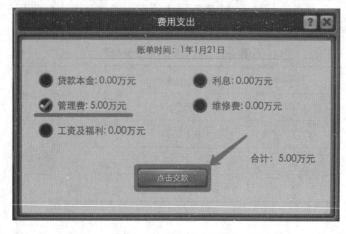

图 2-44　费用申报界面

2.3.2　2月(贷款)

2月,公司要为之后的运营做好准备,财务总监账面上的现金只有 32 万元,很难继续负担公司的运营。公司需要通过贷款、推进生产来保证公司的盈利。

贷款
内容
长短贷

"本月操作总览"对于本月即将进行的全部操作进行了罗列,对于曾介绍过的操作,将不再做分步讲解。

1)本月操作总览

对于总经理跳转日期、申请资金等基本操作,不在此处列举,如表 2-14 所示。

表 2-14　2 月操作任务一览表

岗位	时间	执行动作	任务描述	资金变动/万元
财务	2 月 1 日	贷款	贷款	+500
生产	2 月 21 日	推进生产	推进 1003 生产线生产	
生产	2 月 30 日	推进生产	推进 1002 生产线生产	
财务	均可	缴纳管理费	缴纳管理费	-5

2)(财务总监)贷款

贷款是解决公司现金流,快速发展公司业务的一个重要部分。通过银行的长期或者短期贷款,公司可以获得大量资金,但到期需要偿还贷款本金及贷款利息。

【贷款额度】:上年权益×3。(3 为本规则数值)

【贷款类型】:可以自由组合,但长短贷额度之和不能超出贷款额。

【长期】:企业向银行借入的期限在一年以上(不含一年)的各项借款。企业可在年中任何日期申请长期贷款,到期一次付息还本。

【短期】:企业向银行借入的期限在 1 年以内(含 1 年)的各项借款。企业可在年中任何日期申请短期贷款,到期一次付息还本。

> 如:2 季短贷套餐,一份 10 万元,使用期为 2 季(90 天/季),贷款利息为年息 5%等。申请贷款时,输入申请改套餐的份数,如 10 份,总贷款量即为:10 份×10 万元(套餐金额)=100 万元。

贷款是以【套餐】方式提供,套餐中规定了每份套餐的具体参数。

操作:点击"银行贷款",查看信用额度,查看贷款期限及利息,点击"贷款",选择份数。右下角信用额度前半部分显示为已使用部分,后半部分为贷款上限,如图 2-45、图 2-46 所示(本次贷款 25 份,共 500 万元)。

图 2-45 贷款申报界面

图 2-46 贷款份数输入界面

2.3.3 3月(采购)

3月的核心工作是为之后的生产进行采购准备,缴纳维修费。3月作为第一季度的最后一个月,无法自行跳转至4月进行操作,需等待系统或教师进行统一的时间跳转。

采购	维修费
内容	内容
原料保质期	满一年
原料到货期	价格
	折旧

1)本月操作总览

对于总经理跳转日期、申请资金等基本操作,不在此处列举,如表 2-15 所示。

表 2-15   3月操作任务一览表

岗位	时间	执行动作	任务描述	资金变动/万元
总经理	3月1日	开发资质	开发 P2 资质	−10
生产	3月1日	继续建线	继续投资 2001 生产线建设	−50
采购	3月1日	采购	R1 原料订单 3 件	

岗位	时间	执行动作	任务描述	资金变动/万元
财务	3月11日	收款	收款50万元	+50
财务	均可	缴纳管理费	缴纳管理费	−5
财务	均可	缴纳维修费	缴纳维修费	−5

2)（采购总监）原料订单

原料订货的界面,是向供应商购买原料的地方,价格相对便宜但有一段到货期,需要提前预订。预订不需要预付费用。原料相关属性如表2-16所示。

表2-16　原料数据分析表

单价	原料单价	不同原料单价不同
到货期	所需到货时间	原料订货订单下达之日起,原料交货期确定收货日期
供应量	市场供应量	每季度刷新。如供应量不足则无法继续购买
质保期	产品初始质保期	原料的质保期从到货日开始计算,在失效日期(含当天)内,原料可以上线生产。原材料【失效日期】过后的第一天,系统强制清除失效原料(包括已经预配到生产线的原料,不包括在制品)
应付期	账款应付期	0代表需在收货时付款。点击【收货】按钮时,系统将从采购总监账户划转资金,支付原料采购费用并收货。若采购总监账户资金不足,则收货失败
到货违约金比例	决定违约金	若当天未完成收货操作,第二日起进入收货违约容忍期,在容忍期间仍可以进行收货操作,但需缴纳违约金(与货款一同缴纳),同时扣减所有市场OID;若超过违约容忍期仍未完成【收货】,系统将强制取消订单,从财务账户强制扣除违约金,同时扣减所有市场的OID
到货违约	日期	
容忍期		

避免原料采购中恶意占用资源的行为发生,在每次下原料订单时,当订购原材料价值超过企业总价时,无法订购原材料,公式为:

当【现金总量】+【当前应收】+【当前贷款剩余额度】+(【在产品价值】+【库存价值】)×3 < 本次订购原料价值+未收货原料价值时,无法进行原料订货。

（1）（采购总监）订购原料

操作:点击"原料订货",找到R1,点击下单,选择数量,确定(本次引导年,选择购买3个R1),如图2-47、图2-48所示。

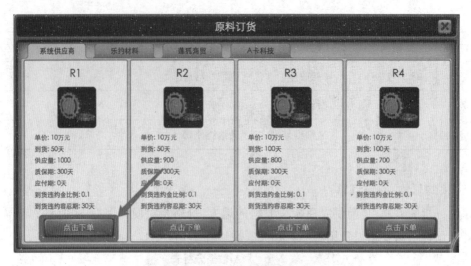

图2-47　原料订单申报界面

图2-48　原料采购数量输入界面

（2）（采购总监）查看库存原料及订单

操作：点击"仓库订单"可查看库存原料的情况及订单情况，如图2-49所示。（可以发现，左侧的原料R1的失效日期为4月30日，即4月30日该原料如未开产，将会消失；右侧可看到公司已订购的原料。）

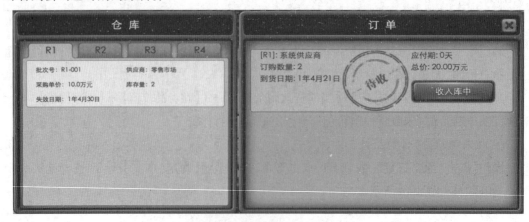

图2-49　原料订单仓库待收界面

3) (财务总监) 维修费

建成的生产线按年缴纳维修费,从建成当天开始计算,每年的这一天就是支付维修费的截止日。财务总监在需缴纳维修费的当月任何时间均可缴纳维修费。维修费依据生产线类型的不同,价格不一。

【注:维修费具体价格参见"建线规则"】

操作:在"费用支出"中,勾选维修费,"点击交款",如图 2-50 所示。

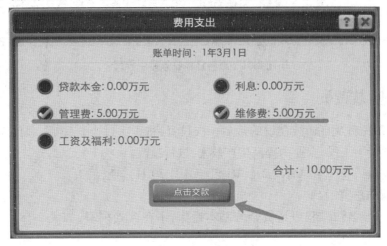

图 2-50 管理和维修费申报界面

2.3.4 4 月(原料收取)

4 月需要对上一月订购的原料进行收取。

本月操作总览

对于总经理跳转日期、申请资金等基本操作,不在此处列举,如表 2-17 所示。

表 2-17 4 月操作任务一览表

岗位	时间	执行动作	任务描述	资金变动/万元
生产	4 月 21 日	全线推进	推进 1001 生产线生产	
采购	4 月? 日	原料入库	申请资金并收货 3 件 R1	−30
财务	均可	缴纳管理费	缴纳管理费	−5

(1) (采购总监) 原料收取

原料收取需要有相应的资金,其操作流程为:

【申请资金】→【原料入库】

(2) (采购总监) 原料入库

操作:点击"仓库订单",找到需收货的原料订单,点击"收入库中",如图 2-51 所示(本次需申请 30 万元资金,以收入 3 个 R1)。

图 2-51　原料订单收入库中界面

2.3.5　5月(技改)

5月是 P2 资质及自动线建设的最后一次投资,将于 7 月 1 日完成。而对于产品下线的手工线,企业为提高生产效率,进行技改。

技改

内容
费用
缩减日期

同时,请注意,仓库中原有的 2 个 R1 已于 4 月 30 日过期,消失。

1)本月操作总览

对于总经理跳转日期、申请资金等基本操作,不在此处列举,如表 2-18 所示。

表 2-18　5 月操作任务一览表

岗位	时间	执行动作	任务描述	资金变动/万元
总经理	5 月 1 日	开发资质	开发 P2 资质	−10
生产	5 月 1 日	继续建线	继续投资 2001 生产线建设	−50
采购	5 月 1 日	原料采购	采购 R1 及 R2 各 2 个	
生产	5 月 21 日	全线推进	推进 1003 产品下线	
生产	5 月 21 日	技改	1003 技改	−30
生产	5 月 30 日	全线推进	推进 1002 产品下线	
生产	5 月 30 日	技改	1002 技改	−30
财务	均可	缴纳管理费	缴纳管理费	−5

2)(生产总监)生产线技改

对安装完成的生产线,通过技术改造减少【每期生产天数】,一次技改减少生产天数=当前每期生产天数×技改提升比例。

例如,原生产效率 66 天,技改提升效率 0.25,技改一次后的生产效率为 66×(1−0.25)=49.5,之后四舍五入,结果为 50 天。

【原生产周期×(1−技改效率)】,取整方式为四舍五入。

【"技改"效率见项目 1 任务 3 中技改规则】

操作:点击需技改仓库,选中需技改生产线,点击技改,如图 2-52、图 2-53 所示。

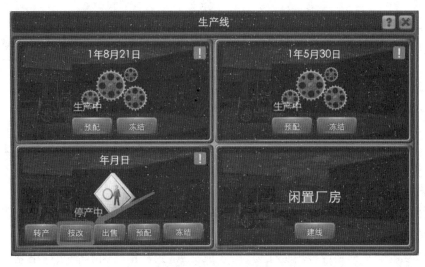

图 2-52　生产线技改界面

图 2-53　生产线技改费用确认界面

2.3.6　6 月（零售）

1）本月操作总览

对于总经理跳转日期、申请资金等基本操作，不在此处列举，如表 2-19 所示。

零售

内容
采购零售
销售零售

表 2-19　6 月操作任务一览表

岗位	时间	执行动作	任务描述	资金变动/万元
生产	6 月 11 日	全线推进	1003 技改完成	
生产	6 月 11 日	开产	1003 开产	−12
生产	6 月 20 日	全线推进	1002 技改完成	
生产	6 月 20 日	开产	1002 开产	−12

续表

岗位	时间	执行动作	任务描述	资金变动/万元
采购	6月20日	原料零售	原料零售出售1个R1	+5
采购	6月21日	原料入库	R1及R2各2个	−40
财务	均可	缴纳管理费	缴纳管理费	−5

2)(采购总监)零售

按照计划,企业将在后半年全部转产P2,目前多出1个R1原料,通过现货交易市场,企业可将闲置的原料转化为现金。

现货市场的交易都是现金现货交易,买卖成交后,先从销售岗现金账户中划转资金,再从市场中转移产品;如果账户资金不足,则终止交易;现货市场的订单各年均为定量。现货市场采购产品的价格是"市场出售单价",而公司出售产品的单价,按"市场收购价"计算;公司出售给现货市场的产品成交后,增加当期的现货市场产品的库存量。

操作:现货交易市场,在对应的原料后点击"出售"或"购入"。购入的原料质保期为50天,如图2-54所示。

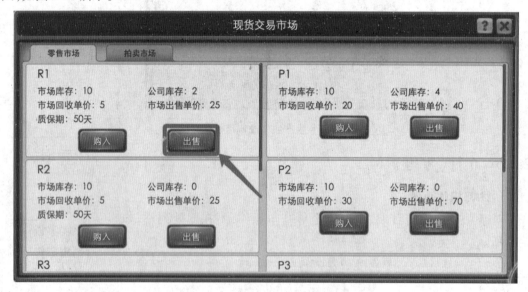

图2-54　现货交易市场界面

2.3.7　7月(转产P2)

1)本月操作总览

对于总经理跳转日期、申请资金等基本操作,不在此处列举,如表2-20所示。

表 2-20　7 月操作任务一览表

岗位	时间	执行动作	任务描述	资金变动/万元
生产	7 月 1 日	全线推进	2001 自动线建线完成	
生产	7 月 1 日	开产	2001 开产	−9
采购	7 月 1 日	原料采购	R1 及 R2 各 1 件	
生产	7 月 21 日	全线推进	1001 产品下线	
生产	7 月 21 日	转产	1001 转产 P2 产品	
生产	7 月 21 日	开产	1001 开产	−12
财务	均可	缴纳管理费	缴纳管理费	−5

2)（生产总监）转产

通过生产线的转产，生产线可生产不同的产品。不同生产线所需的转产需求不同，如手工线转产不需时间及资金，自动线则不同。

【注：转产具体资金及时间，见项目 1 任务 3 中转产规则】

操作：点击厂房中需转产的生产线，点击转产，选择转产产品，点击"确定"。如转产需要资金则需提前申请预算，如图 2-55 所示（请将 1001 由 P1 生产线转产至 P2 生产线）。

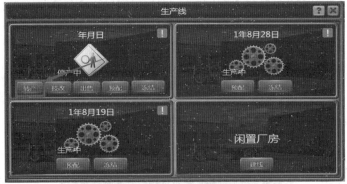

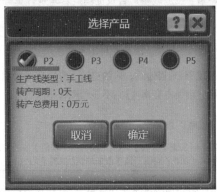

图 2-55　转产界面

2.3.8　8月(战略广告)

1)本月操作总览

对于总经理跳转日期、申请资金等基本操作,不在此处列举,如表2-21所示。

表2-21　8月操作任务一览表

岗位	时间	执行动作	任务描述	资金变动/万元
总经理	8月1日	战略广告	投放战略广告	−10
生产	8月19日	全线推进	1002推进	
采购	8月21日	原料入库	收入R1及R2各1件	−20
生产	8月28日	全线推进	1003推进	
财务	均可	缴纳管理费	缴纳管理费	−5

2)战略广告和OID

【战略广告】在【年中】可随时投放,但是只在每季度末进行计算,下季度1号显示上季度最终知名度排名。即:年初显示当前排名;第一季度显示年初排名;第二季度显示第一季度排名;战略广告对知名度有延续3年的影响,即投放的广告参与各年(三年)知名度计算。

以第一年不违约的企业为例,投放战略广告及促销广告的差别如图2-56、图2-57所示。

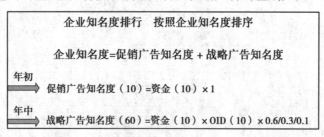

图2-56　投放战略广告及促销广告差别计算公式

企业OID影响战略广告的知名度数值,OID的数值增减如下:

> **OID−企业经营诚信度（公司详情中查看）**
>
> 违约减少−销售违约、采购违约、管理费等费用违约
> 守约、市场占有率增加−不违约则每年递增
>
> **OID−影响战略广告、最终经营分数**
>
> 第四年的系统【分数】=(第四年OID平均值)×当年权益
> 其中: "OID平均值"是各市场的OID值的平均数

图2-57　企业OID影响战略广告的知名度数值,OID的数值增减计算公式

操作:点击"战略广告",输入金额并"点击投放"(本次在本地市场投放 10 万元战略广告),如图 2-58 所示。

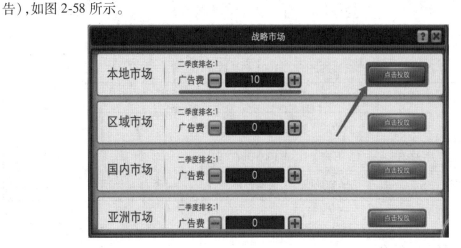

图 2-58 战略广告投放界面

2.3.9 9月(持续经营)

对于总经理跳转日期、申请资金等基本操作,不在此处列举,如表 2-22 所示。

表 2-22 9 月操作任务一览表

岗位	时间	执行动作	任务描述	资金变动/万元
采购	9 月 1 日	原料订货	R1、R2 各 3 个	
财务	均可	缴纳管理费	缴纳管理费	−5
财务	均可	缴纳维修费	缴纳维修费	−5
采购	9 月 1 日	原料订货	R1、R2 各 3 个	
财务	均可	缴纳管理费	缴纳管理费	−5
财务	均可	缴纳维修费	缴纳维修费	−5

2.3.10 10月(持续经营)

对于总经理跳转日期、申请资金等基本操作,不在此处列举,如表 2-23 所示。

表 2-23 10 月操作任务一览表

岗位	时间	执行动作	任务描述	资金变动/万元
生产	10 月 1 日	全线推进	2001 产品下线	
生产	10 月 1 日	开产	2001 开产	−9

续表

岗位	时间	执行动作	任务描述	资金变动/万元
采购	10月21日	原料收货	R1、R2 各 3 个	-60
生产	10月21日	全线推进	1001 产品推进	
生产	10月27日	全线推进	1003 产品下线	
生产	10月27日	转产	1003 转产 P2	
生产	10月27日	开产	1003 开产	-12
财务	均可	缴纳管理费	缴纳管理费	-5

2.3.11　11 月(持续经营)

1) 本月操作总览

对于总经理跳转日期、申请资金等基本操作,不在此处列举,如表 2-24 所示。

表 2-24　11 月操作任务一览表

岗位	时间	执行动作	任务描述	资金变动/万元
采购	11月1日	原料订货	R1、R2 各 3 个	
生产	11月6日	全线推进	1002 产品下线	
生产	11月6日	转产	1002 转产 P1->P2	
生产	11月6日	开产	1002 开产	-12
财务	均可	缴纳管理费	缴纳管理费	-5
财务	均可	缴纳维修费	缴纳维修费	-5
财务	均可	缴纳利息	缴纳利息	-20

2)(财务总监)贷款利息还款

系统每月 1 日提供本月到期贷款和利息的账单,但不提供具体到期日的信息(可以在【收支明细】中查询具体到期日期)。

正常还款和还利息可以在贷款到期或者利息到期日之前(包括到期日当天)操作,否则将进入容忍期,发生违约金和 OID 减值 1。

如果当月应还贷款进入容忍期(即违约未还),则不能进行贷款操作(不论是否还有额度)。

操作:勾选并"点击交款",如图 2-59 所示。

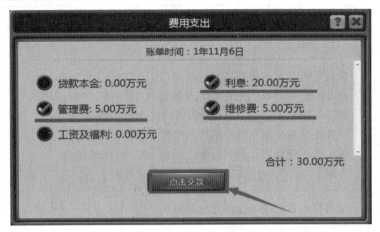

图 2-59　费用支出申报界面

2.3.12　12 月(持续经营)

12 月操作任务如表 2-25 所示。

表 2-25　12 月操作任务一览表

岗位	时间	执行动作	任务描述	资金变动/万元
采购	12 月 21 日	原料收获	R1、R2 各 3 个	−60
财务	均可	缴纳管理费	缴纳管理费	−5

【任务评价】

表 2-26　"ERP 沙盘模拟经营——引导年年中经营"任务评价表

任务编号	2-3	任务名称	ERP 沙盘模拟经营——引导年年中经营	课程名称	ERP 沙盘模拟运营实训	
技能点与思政元素		评价指标			评价权重/%	评价得分/百分制
		A	B	C		
专业技能	任务计划制订	任务计划合理,准备充分,实施过程中有详细的记录	任务计划合理,准备较充分,实施过程中有记录	任务计划较合理,准备较充分,实施过程中记录不全	20	

续表

技能点与思政元素		评价指标			评价权重/%	评价得分/百分制
		A	B	C		
专业技能	任务实施结果	在规定的时间内完成任务,较好地掌握引导年年中经营操作的全流程和创新创业相关知识	在规定的时间内完成任务,掌握大部分引导年年中经营操作的全流程和创新创业相关知识	在规定的时间内完成任务,掌握一部分引导年年中经营操作的全流程和创新创业相关知识	40	
	实训报告	能完整地总结任务的开始、过程、结果,认真总结分析完成情况	能较完整地总结任务的开始、过程、结果,分析完成情况	能总结任务的过程、结果和完成情况	20	
课程思政	纪律	不迟到,不早退,中途不离开任务实施现场	不迟到,不早退,中途离开任务实施现场的次数不超过一次	有迟到或早退现象,中途离开任务实施现场的次数不超过两次	5	
	实训环境整理	严格按照实训场所规范操作,操作完成后主动做好现场清理工作,态度认真	能够按照实训场所规范操作,操作完成后做好现场清理工作,态度认真	基本按照实训场所规范操作,操作完成后做好现场清理工作	5	
	团队协作	配合很好,积极主动完成分工职责,认真完成任务	配合较好,能够按照组长的安排完成任务	能够与同学配合完成任务	5	
	语言能力	积极参与沟通,回答问题,条理清晰,声音洪亮	主动参与沟通,回答问题,条理较清楚,声音较大	能够参与沟通,回答问题,声音清晰	5	

任务评价总体成绩:＿＿＿＿＿＿

评价教师签字:＿＿＿＿＿＿

日　　　期:＿＿＿＿＿＿

任务4 ERP 沙盘模拟经营——引导年年末经营及报表

学习目标

1.了解模拟企业的组织结构、经营环境,以及基本经营思路。

2.熟悉模拟运营操作规则,掌握各评价指标。

3.熟悉各个岗位的任职要求,明确引导年年末经营报表填写申报和分析。

【案例导入】

华为超级流动性下的"财报"[1]

华为是全球领先的电信解决方案供应商,专注于与运营商建立长期合作伙伴关系,拥有热诚的员工和强大的研发能力,快速响应客户需求,提供客户化的产品和端到端的服务,助力客户商业成功。华为产品和解决方案涵盖移动、宽带、IP、光网络、电信增值业务和终端等领域,致力于提供全 IP 融合解决方案,使最终用户在任何时间、任何地点都可以通过任何终端享受一致的通信体验,丰富人们的沟通与生活。华为内部流动性极强,而且不断保持更新。借助于超级流动性,华为已经成为全球最大的电信设备供应商,以及全球第三大智能手机供应商。华为从组织结构上看,通过多方的努力来实现它的超级流动性,并提供了庞大数据体系的财报。

一、围绕客户需求设计组织

为了实现公司提供的服务与市场需求顺利对接,华为发展出一套让自己区别于竞争对手的管理实践——只要客户需求改变,就相应调整内部组织。结果是建立了高度灵活流动,且以客户需求为中心并可以快速调整的组织架构,成立三大业务集团与服务集团。华为采取了被称为"拧麻花"的混合结构,即将事业部组织的某些特点,与职能平台以及区域销售支持结合起来。其组织架构不是围绕特定产品设计,而是创建了三个综合业务集团,每个集团针对特定的竞争对手争夺市场。首先,电信运营商业务集团专门负责电信设备市场,与爱立信和诺基亚竞争;其次,企业集团紧盯路由器和交换机,与思科竞争;最后,负责智能手机和其他设备的消费者集团与苹果、三星等公司展开竞争。

不断发展的灵活性组织架构。多年来随着客户需求变化,华为多次大幅调整组织架构。逻辑很简单:只要客户需求改变,产品供应就要改变,提供产品的组织当然也要改变。为了提升对客户的响应速度,满足客户不断变化的需求,华为发现需要设立与大客户保持日常及深度接触的部门。为此,2006 年 10 月,华为与西班牙沃达丰在马德里附近成立了第一个联

---

1 彼得·J.威廉姆森,吴晓波,尹一丁.华为的超级流动性:打造灵活应变的组织[J].管理学文摘,2019(1):89-92.有修改。

合创新中心。之所以能顺利合作,是基于华为成功协助沃达丰为西班牙高速铁路网提供稳定的通信服务。设立联合创新中心是一个打破惯例的激进之举,因为通信行业内的供应商关系,主要是基于严格按照客户已研发的特定规格设备投标而建立。到2017年,华为已建立36个联合创新中心,主要客户遍及中国、欧洲、北美、拉丁美洲、东南亚和中东地区。通过转型,华为由供应商变为客户的战略合作伙伴,持续合作共同开拓未来。

二、通过灵活的职能平台提供支持服务

尽管华为的项目团队可以相当自由地召集必要的人员和资源,灵活开发解决方案满足单独客户的需求,但对每个团队甚至事业部而言,重复组建财务、人力资源、采购、生产、后勤和供应链管理等职能显然较为低效。为了解决平台的低效问题,华为尝试了一系列措施提升平台人员的专业知识,以加快向客户交付解决方案的速度。多年来华为斥巨资开发了10个主要的支持功能平台。华为内部叫"资源平台",均围绕不同能力构建,包括研发和技术、测试、制造、全球采购、市场和销售、人力资源、财务和资本、行政服务、知识管理和数据共享等。有强大的平台后盾,一线项目团队才能迅速获得所需的能力和资源,从而在行动时做到快速、灵活且流动。

由于以客户为中心的项目团队可以自由使用平台,获得支持服务,而不用单独设立职能部门,华为因此才能发展成为流动性极强的企业。不过,应该承认的是,随着华为拓展新客户群以及新地区,平台中的流程数量呈现爆炸式增长,操作变得过度复杂。最多的时候,平台上包括17项核心流程和1万多个子程序。华为已开始大规模简化流程,剔除不必要的流程并简化支持流程,这项简化管理的重大举措预计在未来几年还会持续推进。

三、提供超级流动下的"财报"

目前,华为产品和解决方案已经应用于全球100多个国家,服务全球运营商50强中的45家及全球1/3的人口。华为实施全球化经营的战略。产品与解决方案已经应用于全球100多个国家和地区,服务全球超过10亿用户。国际市场已成为华为销售的主要来源。2009年,华为实现合同销售额302亿美元,同比增长30%,其中超过2/3的销售额来自国际市场。2010年,华为实现合同销售额340亿美元。2010年,华为以年销售额218.21亿美元,首次入围美国《财富》杂志世界500强,排名第397位,净利润达26.72亿美元。市场研究公司Dell'Oro的报告显示,华为超越阿尔卡特-朗讯和诺基亚西门子,成为全球第二大通信设备商,2009年赢得全世界首个商用的LTE网络——挪威4G移动网络合约更是震惊业界。

美国权威商业媒体Fast Company评出2010年最具创新力公司,华为紧随Facebook、Amazon(亚马逊)、苹果和Google(谷歌)之后位列第五。2008年12月30日,世界权威的品牌价值研究机构——世界品牌价值实验室举办的"2008世界品牌价值实验室年度大奖"评选活动中,华为凭借良好的品牌印象和品牌活力,荣登"中国最具竞争力品牌"大奖,为中国品牌群体性的崛起奏响华彩乐章。

2008年,华为公司继续保持稳健的、健康的增长,全球销售额达到233亿美元,同比增长46%,国际市场收入所占比例超过75%。华为公布的销售收入一般是指合同销售额,而实际销售额,按照华为往年的平均水平,大概为合同销售额的72%~75%。因此,华为2008年的实际销售收入约为170亿美元。

2008年7月9日消息,华为日前发布了其2007年年度财报,结果显示,2007年华为共收入125.6亿美元,与2006年相比增长了48个百分点。2007年华为位列全球第五大电信设备经销商。

国外媒体报道,凭借125.6亿美元的收入,2007年华为超过北电一举成为全球第五大电信设备经销商。

自创业伊始至2007年12月底,华为先后已递交了26880份专利申请书。

在2007年所获总值160亿美元的合同订单中,有72%的订单均来自国际市场。华为表示,2007年华为在如欧洲、美国及日本等发达国家获得的订单同比增长了150%。

2006年销售收入达656亿元人民币,2007年销售收入超过160亿美元。华为与众多世界领先的运营商建立了伙伴关系。截至2006年,全球50强运营商中,包括Telefonica、法国电信(FT/Orange)、沃达丰、中国移动、英国电信(BT)、中国电信、中国联通和中国网通等在内的31家选择了华为作为合作伙伴。

在发达地区市场,华为产品与解决方案广泛应用于英国、法国、德国、西班牙和荷兰等欧洲国家,并在日本和美国市场相继取得新的规模突破。

作为全球新兴市场的TOP3设备供应商,华为在新兴市场的份额稳步提升。

作为全球移动网络建设的主要供应商之一,移动产品在公司的产品销售组合中,仍然占有首要比重。2006年,华为签署了28个WCDMA/HSPA商用合同,GSM网络销售复合增长连续三年超过74.1%,2006年占全球市场份额的21%。

固定网络、IP网络和电信增值业务等产品领域均表现出良好的增长态势,市场份额稳步提升。

年报显示,华为国内市场实现销售收入648亿元,同比增长9.7%;海外市场实现销售收入1204亿元,同比增长33.8%。华为当前65%的营收来自国际市场,且主要受北美、俄罗斯等地区销售业绩推动。

截至2010年底,在海外市场方面,华为部署了80个SingleRAN网络,其中包括28个LTE商用网络,获得了47个管理服务合同。

在三大业务领域,华为电信网络销售收入达到1229亿元,同比增长23.0%;全球服务实现销售收入315亿元,同比增长28.6%;华为终端2010年发货1.2亿台,实现销售收入307亿元,同比增长24.9%。在美国、日本等市场均实现超过100%的增长率。

【相关知识】

2.4.1 年末(报表填写)

1)(总经理)情报查看

在年末阶段中,企业可查看其他企业的经营状况。

操作:点击购买情报,并确认,可查看其他组经营情况,制订下一年经营计划,如图2-60所示。

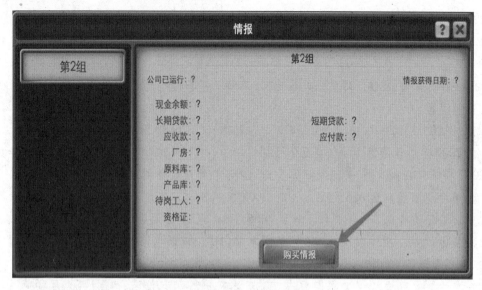

图 2-60　情报查看界面

2)（财务总监）经营报表格式与数据来源

（1）费用表（表 2-27）

表 2-27　费用数据分析表

序号	项目	填报岗位
1	管理费	财务
2	广告费	经理
3	设备维护费	财务
4	转产及技改	财务
5	租金	经理
6	市场准入投资	经理
7	产品研发	经理
8	ISO 资格投资	经理
9	信息费	经理
10	培训费	财务
11	基本工资	财务
12	费用合计	=本表 1—11 项之和

（2）利润表（表2-28）

表 2-28　利润数据分析表

序号	项目	数据来源
1	销售收入	产品销售"收入"合计项
2	直接成本	产品生产"成本"合计项
3	毛利	=本表1项-2项
4	综合费用	费用表"费用合计"项
5	折旧前利润	=本表3项-4项
6	折旧	财务统计表
7	支付利息前利润	=本表5项-6项
8	财务费用	财务统计表
9	营业外收支	财务、原料统计表
10	税前利润	=本表7项-8项+9项
11	所得税	财务统计表
12	净利润	=本表10项-11项

注：表中"本年发生"栏数据取自本年的"费用表"和岗位统计表，数据采集的说明详见"费用表"以及相关岗位任务中报表部分的说明。

（3）资产负债表（表2-29）

表 2-29　资产负债数据分析表

序号	表项	年初数（上年期末数）	期末数
1	现金		财务统计
2	应收款		财务统计
3	在制品		生产统计
4	产成品		销售统计
5	原材料		采购统计
6	流动资产合计		=本栏1—5项之和
7	土地和建筑		经理统计
8	机器与设备		生产统计

续表

序号	表项	年初数(上年期末数)	期末数
9	在建工程		生产统计
10	固定资产合计		=本栏7项+8项+9项
11	资产总计		=本栏6项+10项
12	长期负债		财务统计
13	短期负债		财务统计
14	应付款		财务统计
15	应交税金		=本年利润表11项
16	负债合计		=本栏12项+13项+14项+15项
17	股东资本		财务统计
18	利润留存	＊	＊=本表年初18项+年初19项
19	本年利润	＊	=本年利润表12项
20	权益合计		=本栏17项+18项+19项
21	负债+所有者权益总计		=本栏16项+20项

注:(1)表中"年初数"栏数据取自上年的"资产负债表"。

(2)表中"期末数"栏的数据取自本年的"利润表"以及相关岗位本年的统计表,数据采集的说明详见"利润表"和相关岗位任务中报表部分的说明。

(3)特别注意的是标注【＊】的数据,在制作本表时,"年初数"是上年末的【资产负债表】的"期末数"栏的数据,所以制作本表时,需要从上年的【资产负债表】中提取数据。

3)(总经理)填报数据分析说明表

总经理应在每年的经营中,按照下列项目填报【数据分析说明表】,填报时,只需填报【金额】栏,并按照各项的"【金额】项填报说明",汇总当年发生的金额数据填报。

表2-30中的"更新【目标表】的表项说明"说明所填报的【项目】的金额将更新公司经营报表中的表格及项目。

表2-30　总经理填报数据分析说明表

项目	【金额】项填报说明	更新【目标表】的表项说明
广告费	当年战略和促销广告总额	【费用表】广告费(第2项)
租金	当年支付的厂房租金	【费用表】租金(第5项)
市场准入投资	当年市场资质投资总额	【费用表】市场准入投资(第6项)

续表

项目	【金额】项填报说明	更新【目标表】的表项说明
产品研发	当年产品研发投资总额	【费用表】产品研发(第 7 项)
ISO 资格投资	当年 ISO 资质投资总额	【费用表】ISO 资格投资(第 8 项)
信息费	当年购买商业情报费用	【费用表】信息费(第 9 项)
厂房价值	当前已购买的厂房总价值	【资产负债表】土地建筑(第 7 项)

注:统计报表可以在【年中】和【年末】的任何时间进行填报,每次填报后点击【暂存】保存数据,或点击【提交】更新经营报表。

4)(财务总监)填报数据分析说明表

财务总监除填写此表外,还需在全部填写完成后,点击报表提交,如表 2-31 所示。

表 2-31　财务总监填报数据分析说明表

资金项目	金额	目标表表项
管理费		【费用表】管理费(第 1 项)
设备维修费		【费用表】设备维修费(第 2 项)
转产及技改		【费用表】转产及技改(第 3 项)
基本工资	金额为 0	【费用表】基本工资(第 10 项)
培训费	金额为 0	【费用表】培训费(第 11 项)
*财务费用		【利润表】财务费用(+)(第 9 项)
本年折旧		【利润表】折旧(+)(第 5 项)
其他支出合计		【利润表】销售(−)(第 9 项)
现金余额		【资产负债表】现金(第 1 项)
应收款		【资产负债表】应收款(第 2 项)
资金项目	金额	目标表表项
应付款		【资产负债表】应付款(第 14 项)
长期贷款余额		【资产负债表】长期贷款(第 12 项)
短期贷款余额		【资产负债表】短期贷款(第 13 项)
股东资本		【资产负债表】股东资本(第 17 项)
所得税		【利润表】所得税(第 11 项)

特别提示:表中所有数据均按正数填写。

①【管理费】、【设备维修费】、【转产及技改】:是全年支付的总和。

②【基本工资】、【培训费】:是人力资源支出的操作工人的费用,每月1日在系统账单中列支,可以通过现金支出查询全年总和。

③【财务费用】:财务费用特指本年的【贷款利息】、【利息违约金】,还贷【本金违约金】和【贴现息】四项之和。

④【折旧】:本年提取的生产线折旧合计,数据来源于本年消息通知有哪条生产线发生过折旧,然后查询生产线类型,计算出提取的折旧额。

⑤【其他支出合计】:并入"利润表"的【营业外收支】项的"金额"违约罚金包括:

a.维修费违约;

b.管理费违约;

c.代工收货违约;

d.税款违约金;

e.租金违约金;

f.处理财产损失(注:财产损失是出售生产线的资产损失,资产损失=生产线价值-累计折旧-残值)。

⑥【所得税】:此项需要根据本年的权益合计计算是否需要交税而定。操作方法如下:

a.当年税前利润为负(≤0),则当年为不盈利,不用交税

b.当年税前利润为正(>0),则当年为盈利,所得税=应税金额×税率

应税金额=当年税前利润-以前年度亏损

表2-32   生产总监填报数据分析说明表

项目/在制品	P1	P2	P3	P4	P5
数量					
在制品价值					

注:产品【在制品价值】合计后并入"资产负债表"的【在制品】项目的年末数,如表2-33所示。

表2-33   在制品价值数据分析表

项目/生产线	手工	自动	柔性
总投资			
累计折旧			
在建已投资额			

注:各生产线的【总投资】合计-【累计折旧】合计(生产线净值)并入"资产-负债表"的【机器与设备】项的"期末数"。

各生产线的【在建已投资额】合计数并入"资产负债表"的【在建工程】项的"期末数"。

填报时的数据采自生产线本年状态数据：

①【在制品数量】：当前所有生产线正在生产的产品数量（在当前生产线详细资料中查询）。

②【在制品价值】：当前所有生产线上的在制品总价值（包括：原料成本和计件工资），数据来源于当前生产线详情。

③生产线【总投资】：当前生产线的总价值，即生产线原值总和。

④生产线【累计折旧】：当前生产线的累计折旧合计。

⑤【在建已投资额】：当前在建的生产线已经投入的资金总和，即不管何时开始投建的生产线，只要当前的状态是在建，则记为【在建已投入资金】。

5)（采购总监）填报数据分析说明表

表 2-34　采购总监填报数据分析说明表

原料	库存原料数量 /件数	库存原料价值 /万元	零售（含拍卖） 收入/万元	零售（含拍卖）成本/ 万元	失效和违约 /万元
R1					
R2					
R3					
R4					

特别提示：表中的所有数据均按正数填入。

表中各数据项将用于合成三表，其中合成方式如下：

①表中各原料【库存原料价值】合计后，记为"资产负债表"的【原材料】项的"期末数"。

②表中各原料（【零售收入】-【零售成本】）合计后，记为"利润表"【营业外收支】项"金额"。

③表中各原料【失效和违约价值】合计后，以负数并入"利润表"的【营业外收支】项的"金额"。

填报报表时的数据来自各个原料本年的以下数据：

a.【库存原料数量】：当前的库存数量（在当前库存中查询）。

b.【库存原料价值】：当前库存价值的总金额（在当前库存中查询）。

c.【零售（含拍卖）收入】：当年在现货市场卖出原料和在拍卖市场卖出原料的总收入（需要在零售时记录）。

d.【零售(含拍卖)成本】:当年在现货市场卖出和在拍卖市场卖出时出库的总成本(需要在零售时记录)。

e.【失效和违约价值】:当年被强制清除的过期原料价值(需要查询相关消息统计),以及收货违约产生的违约金和订单取消产生的收货违约金。

6)(销售总监)查询当年的采购订单获得

销售总监填报数据分析说明表如表2-35所示。

表2-35　销售总监填报数据分析说明表

项目	数量	订单收入	违约罚款	销售成本	产品库存数	库存价值
P1						
P2					当前的产品库存数量	当前库存产品的价值
P3						
P4						
P5						

注:表中的(【订单收入】-【违约罚款】)按产品并入"产品统计表"的产品【收入】项;表中的【销售成本】按产品并入"产品统计表"的产品【成本】项。各项填写规则:

①【数量】:填写【当年】已交货的订单,可以从当年的产品库存的单据中查询,这些出库包括:

年初订货会订单交货出库;

现货市场销售出库;

【临时交易】市场已交货订单。

②【订单收入】:按照表2-36的算法进行销售收入的计算汇总。

表2-36　订单收入数据计算分析表

销售操作	销售总额 (数量×单价)	违约金 (销售总额×违约比例)	销售收入计算
订单按期交货	订单总额	0	订单总额-0
订单违约交货	订单总额	订单总额×违约比例	订单总额×(1-违约比例)
订单违约取消	0	订单总额×违约比例	0-违约金
现货零售	产品出售总价	0	产品出售总价-0

a.【订单总额】:通过查询当年已完成的订单直接获取。

b.【违约金】:通过查询当年已处理(包括完成和取消)订单的"罚金"项直接获取。

c.【现货零售】:需要在现货市场卖出产品时,自行记录或从消息中获得。

d.【销售成本】:查询当年已处理的订单中的"转出成本"项直接获取。

e.【库存数量】:直接从库存状态中获取。

f.【库存价值】:直接从库存状态中获取。

【任务评价】

表 2-37 "ERP 沙盘模拟经营——引导年年末经营及报表"任务评价表

任务编号	2-4	任务名称	ERP 沙盘模拟经营——引导年年末经营及报表	课程名称	ERP 沙盘模拟运营实训	
技能点与思政元素		评价指标			评价权重/%	评价得分（百分制）
		A	B	C		
专业技能	任务计划制订	任务计划合理,准备充分,实施过程中有详细的记录	任务计划合理,准备较充分,实施过程中有记录	任务计划较合理,准备较充分,实施过程中记录不全	20	
	任务实施结果	在规定的时间内完成任务,较好地掌握引导年经营操作年末报表的填写、申报和分析	在规定的时间内完成任务,掌握大部分引导年经营操作年末报表的填写、申报和分析	在规定的时间内完成任务,掌握一部分引导年经营操作年末报表的填写、申报和分析	40	
	实训报告	能完整地总结任务的开始、过程、结果,认真总结分析完成情况	能较完整地总结任务的开始、过程、结果,分析完成情况	能总结任务的过程、结果和完成情况	20	
课程思政	纪律	不迟到,不早退,中途不离开任务实施现场	不迟到,不早退,中途离开任务实施现场的次数不超过一次	有迟到或早退现象,中途离开任务实施现场的次数不超过两次	5	
	实训环境整理	严格按照实训场所规范操作,操作完成后主动做好现场清理工作,态度认真	能够按照实训场所规范操作,操作完成后做好现场清理工作,态度认真	基本按照实训场所规范操作,操作完成后做好现场清理工作	5	

续表

技能点与思政元素		评价指标			评价权重/%	评价得分（百分制）
		A	B	C		
专业技能	团队协作	配合很好,积极主动完成分工职责,认真完成任务	配合较好,能够按照组长的安排完成任务	能够与同学配合完成任务	5	
	语言能力	积极参与沟通,回答问题,条理清晰,声音洪亮	主动参与沟通,回答问题,条理较清楚,声音较大	能够参与沟通,回答问题,声音清晰	5	
任务评价总体成绩:＿＿＿＿＿＿						
				评价教师签字:＿＿＿＿＿＿ 日　　　期:＿＿＿＿＿＿		

项目 3 ERP 沙盘技巧拓展

学习任务

   1.反思 ERP 沙盘操作过程中出现的问题,并结合理论知识进行分析。

   2.总结 ERP 沙盘模拟运营的相关基本理论知识,按照岗位所属的规则排列。

任务　ERP 沙盘技巧拓展概述

学习目标

1.完成 ERP 沙盘模拟经营 4~6 年的沙盘竞赛。

2.明确 ERP 沙盘模拟经营竞赛中的操作优势或者劣势产生的原因。

3.结合相关理论知识去分析 ERP 沙盘模拟经营竞赛中出现的问题。

4.了解创新创业的现状,掌握创新创业的政策。

【案例导入】

联想集团的供应链 [1]

联想集团 2017 年 PC(个人计算机)出货量达到 1570.4 万台,位列世界第二,不仅其业务规模已完全达到了 VMI(Vendor Managed Inventory,对于供应商管理的库存)模式的要求,而且它也的确是国内 IT(互联网技术)企业中第一个开始品尝 VMI 滋味的,其在北京、上海、惠阳三地的 PC 生产厂的原材料供应均在项目之中,涉及的国外供应商的数目也相当大。联想集团最终选择了伯灵顿全球货运物流有限公司作为第三方物流企业,这家 1994 年就进入中国的美国物流公司目前在上海、厦门为戴尔、惠普等知名 IT 企业作第三方物流服务。

联想集团旧的运作模式是国际供应链管理通常使用的看板管理,即由我国香港联想对外订购货物,库存都放在香港联想仓库,当国内生产需要时由香港公司销售给内地公司,再根据生产计划调拨到各工厂,这样可以最大限度地减少国内材料库存。但是此模式经过 11 个物流环节,涉及多达 18 个内外部单位,运作流程复杂,不可控因素增大。

同时,由于订单都是从香港联想发给供应商,大部分供应商在香港交货,而联想的生产信息系统只在大陆的公司使用,所以生产厂统计的到货准时率不能真实反映供应商的供货水平,导致不能及时调整对供应商的考核。

按照联想 VMI 项目要求,联想在北京、上海、惠阳三地工厂附近设立供应商管理库存,联想根据生产要求定期向库存管理者即作为第三方物流的伯灵顿全球货运物流有限公司发送发货指令,由第三方物流公司完成对生产线的配送。从其收到通知,进行确认、分拣、海关申报及配送到生产线时间时效要求为 2.5 小时。该项目将实现供应商、第三方物流、联想之间货物信息的共享与及时传递,保证生产所需物料的及时配送。实行 VMI 模式后,联想的供应链大大缩短,成本降低,灵活性增强。

1　约创互联网沙盘教育平台配套资料。

【相关知识】

3.1.1　市场分析

图 3-1 为本次市场第 1 年至第 6 年的预测,预测中包括市场需求数量(由柱状图表示)、产品销售价格走势(由折线图表示)。总经理制定公司总体战略时,要将市场预测的分析和规则解读结合起来。

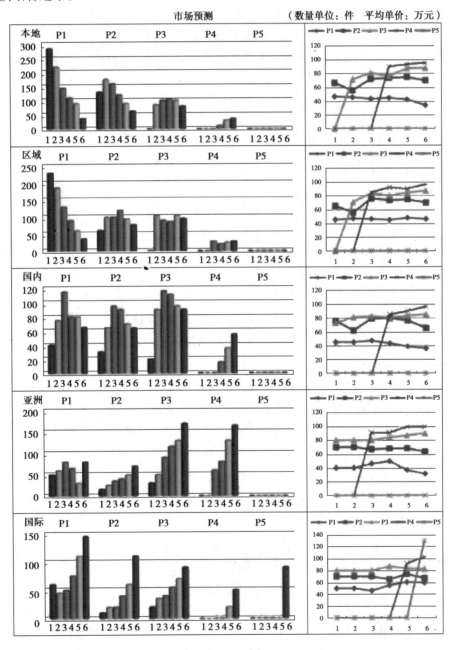

图 3-1　市场第 1 年至第 6 年的预测

除了从需求量和单价的角度进行解读之外,分析产品毛利率能够更清晰地看出产品的变化。

　　图3-2的数据是P1—P5产品六年的毛利走势情况,在看到市场预测后首先进行全部市场的产品分析,从成本角度出发P1产品成本最低,需求量前期较大,但随着时间推移,后期的利润及需求量都会逐步下降,因而中后期可以作为企业的补充销售。P2产品从需求量和价格来看,是五种产品中最稳定的,本产品可作为企业产品选择的基础产品进行生产销售。P3产品前期需求量较低且毛利低,但是第三年后需求量和毛利都提升至较好的状态,利润空间大,因而可作为企业后备产品进行研发。P4、P5产品在前期需求量非常低,可以看到P4产品在第四年后才慢慢有较多需求。如果前期企业发展顺利,可在第四年准备研发P4产品提高企业利润。P5产品因为在第五年才有需求,所以本次分析建议考虑放弃P5产品。

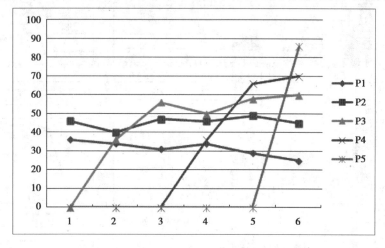

图3-2　P1—P5产品六年的毛利走势

　　根据市场预测图分析,第一年时P1、P2产品的需求量是最高的,且价格走势也较好,是前期较理想的赚钱产品。目前企业第一年有在产P1产品,因而本年的销售重点放在P1产品上,同时可在年末研发P2产品作为企业发展的新产品。

　　根据市场预测图第二年的需求量来看,P1产品的需求量正在减少,但仍旧是所有产品中需求数量最多的。P2产品作为企业中期基本产品,需求量较第一年有所增加,但价格比第一年大幅度降低。通过毛利分析图可以看出,第一年P1、P2产品与第二年的毛利情况基本一致,在毛利一样的情况下,企业肯定会选择成本投入较少的P1产品,所以第二年的销售重点仍然在P1产品,P2产品作为查漏补缺补充销售。第二年年末可以研发P3产品,为第三年做销售准备。

　　结合市场预测图和毛利分析图两个图中的数据可以看出,第三年P1产品需求量及价格继续下降,而P2、P3两种产品的需求量和价格方面都达到了巅峰状态。从图3-2中可以明显地看出P3产品的毛利是最高的,所以本年度销售重点在于P2、P3两种产品,但有些团队可能在第二年末才开始研发P3产品,如果是这种情况,企业的经营重点可以在P2产品上。

　　第四年,大部分产品的走势情况都趋于稳定,在本年及以前,P4产品的数量及价格都较低。但第四年之后,其毛利提升,成为高利润产品,前三年企业发展情况良好的企业可以根据实际情况在本年研发 P4 产品,避开高需求量产品,重点做小众高毛利的 P4 产品,为第五年的销售提前做准备。

　　第五年、第六年基本发展良好的企业都具备了至少三种产品的销售资格,所以第五年、第六年的重点就在于根据产品毛利情况去选择最为赚钱的产品,最后两年建议不留库存,把所有能够卖出的产品都销售出去以换取企业利润。

3.1.2　(营销岗位)营销战略和产品战略

　　市场营销理论是企业把市场营销活动作为研究对象的一门应用科学。它是研究把适当的产品,以适当的价格,在适当的时间和地点,用适当的方法销售给尽可能多的顾客,以最大程度地满足市场需要。营销管理的实质就是公司创造性制定适应环境变化的市场营销战略。

1)制定市场营销战略的流程

　　企业内外部环境分析→市场细分及目标市场选择→确定营销目标→确定市场营销策略组合→实施和控制市场营销活动。

2)营销战略

　　研究市场就要面对竞争,正确的市场竞争战略是企业成功实现其市场营销目标的关键。企业必须树立竞争观念,努力取得竞争的主动权。

　　(1)基本竞争战略

　　①成本领先战略。成本领先战略是指企业通过在内部加强成本控制,把研究开发、生产、销售、服务和广告等领域的成本降到最低限度。

　　②差别化战略。差别化战略是指企业提供与众不同的产品和服务,满足顾客特殊的需求,开展竞争优势的战略。

　　③重点集中战略。重点集中战略是指企业把经营战略的重点放在一个特定目标市场上,为特定的地区或特定的购买者提供特殊的产品和服务。

　　(2)市场地域战略

　　地理位置长期以来都是企业进行市场细分的主要变量,是影响企业进行各项营销活动及营销成本的关键。

　　①本地市场战略。由于不同地域的消费者具有不同的需求和偏好,或者受到零售商和服务机构的限制(如商业银行、医疗等),企业只能在当地运作。

　　对于零售业而言,企业在资金不足的情况下,只能在当地运作。大型的制造业企业在最初的时候也可能把新产品的分布范围限定在当地市场,随着企业自身的不断强大,企业的产品将不断地推向区域市场、全国市场以及国际市场。采取本地市场战略,企业能熟悉本地顾客的需求和偏好,可使企业更好地满足顾客的需求;同时企业的资源比较集中,能够更好地为顾客提供服务。但采用这种战略的风险性较大,易受到外来竞争者的冲击。

　　②区域市场战略。区域市场战略是把国家划分为明确的地理区域,从中选择一个或多个区域作为企业的目标市场,并且针对每个区域的差别化,明确每个区域的营销组合。区域市场战略介于本地市场战略和全国市场战略之间。它一般在经济区域的基础上形成,是进

军全国市场战略的一个缓冲过程。区域市场战略可以帮助企业在一定的地域空间内发展，提高企业的市场占有率，使企业竞争的实力逐步增强。但开发区域市场，要注意与当地企业之间的合作，尤其是与当地中间商的合作。

③全国市场战略。全国市场战略是在主权国家的范围内建立起来的市场。全国市场战略对企业提出了更高的要求：首先需要大量的初始投入来完成市场的开拓和发展；其次需要更充足的资源和抵御风险的能力。全国市场战略可为企业发展提供更多的机会，实现规模经济效应，提高企业的市场占有率，但全国市场战略会使企业面临的风险加大。

④国际市场战略。国际市场战略是在国际分工的基础之上，使商品在世界范围内流通。由于消费者的生活方式、语言、宗教信仰、民族等诸多方面的不同，国际市场战略比全国市场战略面临更大的风险和不确定性。随着科技的发展、生产规模的扩大，以及国内市场需求的饱和，进军国际市场是企业发展的必然趋势。国际市场战略与全国市场战略相比，企业具有更多额外的市场机会，以利于企业在国际市场的大环境中不断发展壮大，从而更好地战胜竞争对手。

（3）市场竞争战略

每个企业都要依据自己的目标、资源和环境，以及在目标市场上的地位，来制定竞争战略。即使在同企业中，不同的业务、不同的产品也有不同要求，因此。企业应当确定自己在目标市场上的竞争地位，然后根据自己的市场定位，选择适当的营销战略和策略。根据企业在目标市场上所起的作用，可以将企业分为以下几种类型：市场领导者、市场挑战者、市场跟随者和市场利基者。

①市场领导者。市场领导者是指在相关产品的市场上占有率最高的企业。一般来说，大多数行业都有一家企业被公认为市场领导者，它在企业营销组合的各个方面处于主导地位，是市场竞争的领导者，也是竞争者挑战、效仿或回避的对象。在竞争中，这些市场领导者的地位是自然形成的，但不是固定不变的。因此，处于市场领导者地位的企业必须随时保持警惕并采取适当的措施。一般来说，市场领导者为了维护自己的优势、保持自己的领导地位，通常采取三种策略：一是设法扩大整个市场需求；二是采取有效的防守措施和攻击战术，保持现有的市场占有率；三是在市场规模保持不变的情况下，进一步扩大市场占有率。

②市场挑战者。在行业中名列第二名、第三名等，次要地位的企业，称为亚军企业或者追赶企业。这些亚军企业对待当前的竞争情势有两种态度：一种是向市场领导者和其他竞争者发起进攻，以夺取更大的市场占有率，这时它们可称为市场挑战者；另一种是维持现状，避免与市场领导者和其他竞争者引发争端，这时它们被称为市场跟随者。

③市场跟随者。并非所有在行业中处于第二的公司都会向市场领导者挑战，因为这种挑战会遭到市场领导者的强烈报复，最后可能无功而返，甚至一败涂地。因此，除非挑战者能够在某些方面赢得优势，否则它们往往宁愿跟随领导者。这种"自觉并存"状态，在资本密集且产品同质性高的行业中是很普遍的现象。

④市场利基者。几乎每个行业都有一些小企业，它们专心致力于市场中被大企业忽略的某些细分市场，在这些小市场上通过专业化经营来获取最大限度的收益。这种有利的市场位置就称为"利基"，而所谓市场利基者，就是指占据这种位置的企业。

市场利基者的主要策略是专业化,企业必须在营销组合方面实现专业化,在选择市场利基时,营销者通常选择两个或两个以上的利基,以确保企业的生存和发展。

3)产品战略

产品战略是指企业通过提供不同产品来满足不同市场需求的战略。产品战略和市场战略是相互配合的,最终支持企业的总体战略计划。

(1)产品定位战略

产品定位是指将一种品牌的产品投入比其他竞争者产品更受欢迎的细分市场。产品应该和市场相互配合,通过产品定位与竞争品牌区别开来。产品定位表示产品代表什么、是什么以及消费者将如何评价它。

完成产品定位需要进行设计和沟通,因为产品的定位主要是定位于消费者的心理。这就需要不断地了解消费者的需求,同时和其他的竞争者进行区别。

一般来说,产品定位主要有两种策略:单一品牌定位策略和多品牌定位策略。

①单一品牌定位策略。单一品牌定位是指企业的各种产品使用相同的品牌推向市场的定位策略。采用单一品牌可以降低成本,实现效益最大化。企业采用单一品牌必须能够抵御来自竞争者的强大冲击,而且要建立企业在消费者心目中的独特地位,并通过企业的营销等各方面的行为,持续不断地保持这种竞争的优势,这是企业成功进行单一品牌管理的关键。

②多品牌定位策略。多品牌定位是指同一企业生产的产品分别使用不同品牌的定位策略。采用多品牌策略可以通过向不同的细分市场提供不同的产品,实现企业效益的最大化,还可以有效地避免竞争者对单一品牌的强烈冲击。

多品牌定位的管理应该注意:对于每个品牌都明确主要的细分市场,避免自有品牌之间的相互残杀,降低企业的收益;推出新品牌的时候,各种品牌相互竞争的程度是企业能够接受的。企业必须根据市场环境的变化,不断地调整保持自身的竞争优势。

(2)产品组合战略

产品组合战略是指一个企业生产或经营的全部产品线和产品项目的结构,即配合战略,是对企业业务单位的任务指示。它决定企业生产的类型,有助于选择组成产品组合的产品和服务。

产品组合战略主要包括单一产品战略和多产品战略。

①单一产品战略。单一产品战略是指企业只生产一种产品,而且必须依靠这种产品才能取得成功。优势是:企业生产的产品专业性较强,有助于达到规模经济效益;企业生产管理更有效率;发展更为专业化,能够承受竞争的冲击。劣势是:如果环境发生变化,企业可能面临灭顶之灾。

②多产品战略。多产品战略是指企业面对市场提供两种以上产品的战略。提供多产品,可以使企业增强应对环境变化的能力,而且企业各个不同产品之间是相互补充的,可以实现规模增长。企业的多产品线可以是相关的,也可以是不相关的,相关产品由不同的产品线和产品组成。

（3）新产品开发战略

新产品的开发是企业发展的生命线，是企业持续不断地保持竞争优势、实现利润最大化的关键。通过新产品战略，企业能够更好地维持其现有产品的优势。新产品开发战略主要有四个选择：

①产品改进和调整。产品改进和调整是指在原有产品的基础上，采用新技术、新材料、新结构显著改善其性能。原有产品可能由于环境的变化而进入产品生命周期的成熟期，使企业的利润降低。此战略可使产品获得新生，并与竞争产品有效地区别开来。

②模仿战略。企业推出一种市场上已经存在的新产品时，采取的就是产品模仿战略。企业通过这种战略，可以减少产品研发的费用，使企业更具价格优势，进行追随性竞争，以此分享收益。在没有专利保护的情况下，企业可以设计、生产与发明者的产品差别不大的产品，同发明者进行有力的竞争。只有营销计划不断创新，才能有效地增加市场份额和销售量。

③产品创新战略。产品创新战略是指企业运用新技术、新工艺、新材料生产与制造全新的产品。企业可以通过产品的创新提高市场占有率，获得巨大的收益。

④产品生命周期战略。产品生命周期是指产品从投入市场开始到退出市场为止所经历的全部时间。如同人的生命一样，产品的生命周期也经历了一个诞生、成长、成熟及衰退的过程，因此，产品的生命周期可以被分为投入期、成长期、成熟期和衰退期。在不同时期，企业的销售额、利润、竞争条件等会不断发生变化，在产品的各个不同时期，企业需要采用不同的市场营销战略、财务战略和生产战略等。

3.1.3 （营销岗位）波士顿矩阵分析法和产品生命周期

1）波士顿矩阵分析法

波士顿矩阵又称市场增长率-相对市场份额矩阵、波士顿咨询集团法、四象限分析法、产品系列结构管理法等，如图3-3所示。

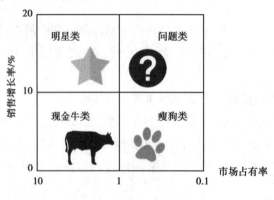

图3-3　波士顿矩阵

波士顿矩阵分析法始于20世纪70年代初。其精髓在于把战略规划和资本预算紧密结合了起来，把一个复杂的企业行为用两个重要的衡量指标来分为四种类型，用四个相对简单的分析来应对复杂的战略问题。该矩阵帮助多种经营的公司确定哪些产品宜于投资，宜于操纵哪些产品以获取利润,宜于从业务组合中剔除哪些产品,从而使业务组合达到最佳经营成效。波士顿矩阵分析法的实质是为了通过业务的优化组合实现企业的现金流量平衡。

波士顿矩阵分析法认为一般决定产品结构的基本因素有两个:市场引力与企业实力。

市场引力包括整个市场的销售量(额)增长率、竞争对手强弱及利润高低等。其中最主要的是反映市场引力的综合指标——销售增长率是决定企业产品结构是否合理的外在因素;企业实力包括市场占有率、技术、设备、资金利用能力等,市场占有率是决定企业产品结构的内在要素,它直接显示出企业竞争实力。

销售增长率与市场占有率既相互影响,又互为条件:市场引力大,市场占有高,可以显示产品发展的良好前景,企业也具备相应的适应能力,实力较强;如果仅有市场引力大,而没有相应的高市场占有率,则说明企业尚无足够实力,则该种产品也无法顺利发展。相反,企业实力强,而市场引力小的产品也预示了该产品的市场前景不佳。

以上两个因素相互作用,会出现四种不同性质的产品类型,形成不同的产品发展前景:①销售增长率和市场占有率"双高"的产品群(明星类业务);②销售增长率和市场占有率"双低"的产品群(瘦狗类业务);③销售增长率高、市场占有率低的产品群(问题类业务);④销售增长率低、市场占有率高的产品群(现金牛类业务)。

(1)明星类业务(Stars,指高增长、高市场份额)

这个领域中的产品处于快速增长的市场中并且占有支配地位的市场份额,但不一定产生正现金流量,这取决于该产品对投资的需要量。明星类业务是由问题类业务继续投资发展起来的,可以视为高速成长市场中的领导者,它将成为公司未来的现金牛类业务。这并不意味着明星类业务一定可以给企业带来源源不断的现金流,因为市场还在高速成长,企业必须继续投资保持与市场同步增长并击退竞争对手。企业如果没有明星类业务就失去了希望,但过多明星类业务也可能导致做出错误的决策。这时必须具备识别产品的能力,将企业有限的资源投入在能够发展成为现金牛类的产品上。

明星类业务要发展成为现金牛类业务适合采用增长战略。

(2)问题类业务(Question Marks,指高增长、低市场份额)

处在这个领域中的是一些投机性产品,带有较大的风险。这些产品可能利润率很高,但占有的市场份额很小。这往往是一个公司的新业务。为发展问题业务,公司必须建立工厂,增加设备和人员,以便跟上迅速发展的市场,并超过竞争对手,这些意味着大量的资金投入。"问题"非常贴切地描述了公司对待这类业务的态度,因为这时公司必须慎重回答"是否继续投资,发展该业务?"这个问题。只有那些符合企业发展长远目标、企业具有资源优势、能够增强企业核心竞争力的业务才得到肯定的回答。得到肯定回答的问题类业务适合采用战略框架中提到的增长战略,目的是扩大SBUs(产品和战略业务单元)的市场份额,甚至不惜放弃近期收入来达到这一目标,因为问题类业务要发展成为明星类业务,其市场份额必须有较大的增长。得到否定回答的问题类业务则适合采用收缩战略。

如何选择问题类业务是用波士顿矩阵分析法制定战略的重中之重,也是难点,这关乎企业未来的发展。对于增长战略中各种业务增长方案来确定优先次序,波士顿矩阵分析法也提供了一种简单的方法,通过图3-4权衡选择ROI(投资回报率)相对高然后需要投入的资源占的宽度不太多的方案。

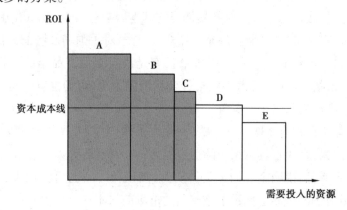

图3-4　资本成本与需投入资源的关系

(3)现金牛类业务(Cash Cows,指低增长、高市场份额)

处在这个领域中的产品产生大量的现金,但未来的增长前景是有限的。这是成熟市场中的领导者,它是企业现金的来源。由于市场已经成熟,企业不必大量投资来扩展市场规模,同时作为市场中的领导者,该业务享有规模经济和高边际利润的优势,因而给企业带来大量现金流。企业往往用现金牛业务来支付账款并支持其他三种需大量现金的业务。

(4)瘦狗类业务(Dogs,指低增长、低市场份额)

这个领域中的产品既不能产生大量的现金,也不需要投入大量现金,这些产品没有希望改进其绩效。一般情况下,这类业务常常是微利甚至是亏损的,瘦狗类业务存在的原因更多的是感情上的因素,虽然一直微利经营,但不忍放弃。瘦狗类业务通常要占用很多资源,如资金、管理资源等,多数时候是得不偿失的。

(5)案例分析

某一酒类经销公司经营A、B、C、D、E、F、G7个品牌的酒,公司可用资金50万元。经对前半年的市场销售统计分析,发现:

A、B品牌业务量为总业务量的70%,两个品牌的利润占到总利润的75%,在本地市场占主导地位。但这两个品牌是经营了几年的老品牌,从去年开始市场销售增长率已呈下降趋势,前半年甚至只能维持原来的业务量。

C、D、E三个品牌是新开辟的新品牌。其中C、D两个品牌前半年表现抢眼,C品牌销售增长了20%,D品牌增长了18%,且在本区域内尚是独家经营。E品牌是高档产品,利润率高,销售增长也超过了10%,但在本地竞争激烈,该品牌其他两家主要竞争对手所占市场比率达到70%,而公司只占到10%左右。

F、G两个品牌市场销售下降严重,有被C、D品牌替代的趋势,且在竞争中处于下风,并出现了滞销和亏损现象。

解析:

针对上述情况,根据波士顿矩阵分析法,采取如下措施:

确认 A、B 品牌为金牛类品牌,维持原来的资金投入 30 万元,以保证市场占有率和公司的主要利润来源,同时也认识到 A、B 品牌已经出现了衰退现象,要认真找出原因,一方面寻找替代品牌,另一方面尽可能地延长其生命力。

确认 C、D 品牌为新星品牌,虽然目前不是公司的主要利润来源,但发展潜力很大,加大资金投放力度,加快发展步伐,扩大与竞争对手的差距,力争成为公司新的利润增长点。决定先期投入资金 10 万元。

对 F、G 品牌果断采取撤退战略,不再投入资金,着手清理库存,对滞销商品降价处理,尽快回笼资金。

对 E 品牌投入研究力量,寻找竞争对手薄弱方面,整合资源,争取扩大市场份额,使 E 品牌成为新星品牌。决定投入资金 5 万元。余下 5 万元作为机动资金,以便在特殊情况下,对某品牌作侧重支持。

2)产品生命周期

产品生命周期,亦称"商品生命周期",是指产品从投入市场到更新换代和退出市场所经历的全过程。

产品生命周期划分为导入期、成长期、成熟期、衰退期四个阶段,如表 3-1 所示。

表 3-1 产品生命周期

比较项目	导入期	成长期	成熟期	衰退期
销售量	低	剧增	最大	衰退
顾客成本	高	一般	低	低
利润	亏损	利润增长	利润高	利润下降
顾客	创新者	早期接受者	中期 主要支持者	落后者
竞争者	很少	增多	数量稳定,开始下降	数量下降
营销目标	建立产品知名度	市场份额 达到最大	保护市场份额的同时, 争取最大利润	减少开支, 挤出品牌剩余价值

研究产品生命周期各阶段的特点以及产品生命周期的销售情况和获利能力随产品生命周期变化的趋势,有助于企业分析判断企业的各类产品现在处于什么阶段,未来发展趋势如何。

3.1.4 (生产岗位)生产计划排程

生产计划排程是在有限产能的基础上,综合来自市场、物料、产能、工序流程、资金、管理体制、员工行为等多方对生产的影响,经过 APS 的优化得出合理有效的生产计划。

内容包括：

①生产产品名称；

②生产数量；

③负责生产的部门或单位；

④开始生产时间及完成期间、交期。

1）应注意的原则

①交货期先后原则：交货期越短、交货时间越紧急的产品，应安排在最早时间生产。

②客户分类原则：客户有重点客户与一般客户之分，越重点的客户，其排程应越受到重视。

③产能平衡原则：各生产线生产应顺畅，半成品生产线与成品生产线的生产速度应相同，机器负荷应考虑，不能产生生产瓶颈，出现停产待料事件。

④工艺流程原则：工序越多的产品，制造时间越长，应重点予以关注。

2）约创优化生产

通过制订、优化生产计划，更准确地计算出每次的日期，来帮助采购总监更准确地订购原料。

技改：技改后天数＝原生产天数-（原生产天数×技改比例）四舍五入后的结果

例如：原手工线生产天数为 86 天，技改比例为 0.25，则 86-（86×0.25）≈86-22＝64 天，技改次数为两次，第二次再 64-（64×0.25）×生产周期＝技改后天数

常见问题：何时扩大生产，购置生产线？

回答：首先要分析市场和其他企业的经营情况，根据年底的情报可以算出所有企业的产能，可以预估每个组的净利润，结合市场分析，对比需求量，如果所有企业的产能达不到市场的总需求量，可以加产能来弥补这个空白，如果所有企业的需求量大于市场需求，可以根据自己的盈利情况决定：

①盈利较好，推荐扩大产能，加大广告，形成对小公司的打压。如果盈利不好，不建议加生产线，应合理省费用，提高利润。

②如果选择扩大产能，需要计算出一条生产线花费的费用，例如房租、研发、贷款利息、技改费用、广告费用等，并计算该生产线生产各种产品的毛利，进行对比，从而确定选择何种生产线何种产品。

3.1.5　（采购岗位）物料需求计划和订货点法

1）采购的重要性

对采购总监来说，不仅仅是买原材料、收货等简单的操作。采购是一个企业生产的保障，生产又是企业回笼资金的根本。因此，采购这一环节不能出现失误，如果原料少了或者多了，会给公司带来极大的损失，有人说可以紧急采购，但是紧急采购后你生产的产品成本就提高了，利润减少，相比于其他人你的竞争力就小多了，直至被淘汰！做采购请记住，不要总是想着有紧急采购，要注意降低额外费用。采购总监要根据生产总监给出的生产计划，更

加准确地计算出订购材料的时间。

常见问题:订购原材料很多,资金链容易断裂,怎么办?

回答:记住一个公式就可以避免这种情况,当【现金总量】+【当前应收】+【当前贷款剩余额度】+(【产品价值】+【库存价值】)×3<本次订购原料价值+未收货原材料价值时,无法进行原料订货。

2)物料需求计划

物料需求计划又叫物资需求计划(Material Requirement Planning,MRP),是指根据产品结构各层次物品的从属和数量关系,以每个物品为计划对象,以完工时期为时间基准倒排计划,按提前期长短区别各个物品下达计划时间的先后顺序,是一种工业制造企业内物资计划管理模式。MRP是根据市场需求预测和顾客订单制订产品的生产计划,然后基于产品生成进度计划,组成产品的材料结构表和库存状况,通过计算机计算所需物料的需求量和需求时间,从而确定材料的加工进度和订货日程的一种实用技术。

MRP是一种推式体系,根据预测和客户订单安排生产计划。因此,MRP基于天生不精确的预测建立计划,"推动"物料经过生产流程。也就是说,传统MRP方法依靠物料运动经过功能导向的工作中心或生产线(而非精益单元),这种方法是为最大化效率和大批量生产来降低单位成本而设计的。生产订单出自主生产计划(MPS),然后经由MRP计划出的订单被"推"向工厂车间及库存。

其特点如下:

①需求的相关性:在流通企业中,各种需求往往是独立的。而在生产系统中,需求具有相关性。例如,根据订单确定了所需产品的数量之后,由新产品结构文件BOM即可推算出各种零部件和原材料的数量,这种根据逻辑关系推算出来的物料数量称为相关需求。不但品种数量有相关性,需求时间与生产工艺过程的决定也是相关的。

②需求的确定性:MRP的需求都是根据主生产进度计划、产品结构文件和库存文件精确计算出来的,品种、数量和需求时间都有严格要求,不可改变。

③计划的复杂性:MRP要根据主产品的生产计划、产品结构文件、库存文件、生产时间和采购时间,把主产品的所有零部件需要数量、时间、先后关系等准确计算出来。当产品结构复杂,零部件数量特别多时,其计算工作量非常庞大,人力根本不能胜任,必须依靠计算机实施这项工程。

制订物料需求计划前必须具备以下基本数据:

①主生产计划,它指明在某一计划时间段内应生产出的各种产品和备件。

②物料清单(BOM),它指明物料之间的结构关系,以及每种物料需求的数量,它是物料需求计划系统中最为基础的数据。

③库存记录,它把物料品目的库存量和计划接受量的实际状态反映出来。

④提前期,决定着每种物料何时开工、何时完工。

应该说,这四项数据都是至关重要、缺一不可的。缺少其中任何一项或任何一项中的数据不完整,物料需求计划的制订都是不准确的。因此,在制订物料需求计划之前,这四项数据都必须先完整地建立好,而且保证是绝对可靠的、可执行的数据。

●基本原理

MRP 的基本原理是,由主生产进度计划(MPS)和主产品的层次结构逐层逐个地求出主产品所有零部件的出产时间、出产数量。这个计划叫物料需求计划。其中,如果零部件靠企业内部生产的,需要根据各自的生产时间长短提前安排投产时间,形成零部件投产计划;如果零部件需要从企业外部采购,则要根据各自的订货提前期来确定提前发出各自订货的时间、采购的数量,形成采购计划。按照这些投产计划进行生产和按照采购计划进行采购,就可以实现所有零部件的出产计划,从而不仅能够保证产品的交货期,而且还能够降低原材料的库存,减少流动资金的占用。MRP 的逻辑原理,如图3-5 所示。

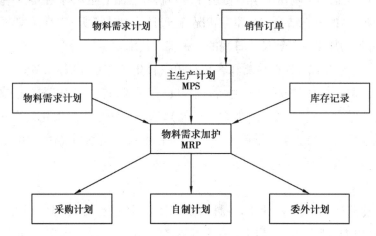

图 3-5　物料需求计划的逻辑原理

由图 3-5 可以看出,物料需求计划是根据主生产进度计划(MPS)、主产品的结构文件(BOM)和库存文件而形成的。

主产品就是企业用以供应市场需求的产成品。例如,汽车制造厂生产的汽车,电视机厂生产的电视机,都是各自企业的主产品。

主产品的结构文件(Bill of Materials,BOM)主要反映出主产品的层次结构、所有零部件的结构关系和数量组成。根据这个文件,可以确定主产品及其各个零部件的需要数量、需要时间和它们相互间的装配关系。

主生产进度计划(Master Production Schedule,MPS),主要描述主产品及由其结构文件(BOM)决定的零部件的出产进度,表现为各时间段内的生产量,有出产时间、出产数量或装配时间、装配数量等。

产品库存文件,包括主产品和其所有零部件的库存量、已订未到量和已分配但还没有提走的数量。制订物料需求计划有一个指导思想,就是要尽可能减少库存。产品优先从库存物资中供应,仓库中有的就不再安排生产和采购。仓库中有但数量不够的,只安排不够的那一部分数量投产或采购。

由物料需求计划再产生产品投产计划和产品采购计划,根据产品投产计划和采购计划组织物资的生产和采购,生成制造任务单和采购订货单,交制造部门生产或交采购部门去采购。

3)订货点法

订货点法又称订购点法,始于 20 世纪 30 年代。订货点法指的是:对于某种物料或产品,出于生产或销售的原因而逐渐减少,当库存量降低到某一预先设定的点时,即开始发出订货单(采购单或加工单)来补充库存,直至库存量降低到安全库存时,发出的订单所订购的物料(产品)刚好到达仓库,补充前一时期的消耗,此一订货的数值点,即称为订货点。

订货点法也称为安全库存法。从订货单发出到所订货物收到这一段时间称为订货提前期。

订货点法库存管理的策略很多,最基本的策略有 4 种:①连续性检查的固定订货量、固定订货点策略;②连续性检查的固定订货点、最大库存策略;③周期性检查策略;④综合库存策略。

(1)连续性检查的固定订货量、固定订货点策略

对库存进行连续性检查,当库存降低到订货点 R 时,即发出订货,每次的订货量保持不变,都为固定值 Q。该策略适用于需求量大、缺货费用较高、需求波动性很大的情形。

(2)连续性检查的固定订货点、最大库存策略

该策略也要随时检查库存状态,当发现库存降低到订货点水平 R 时,开始订货,订货后使最大库存保持不变,即为常量 S,若发出订单时库存量为 I,则其订货量即为 $(S-I)$。该策略和上一个策略的不同之处在于其订货量是按实际库存而订,因而订货量是可变的。

(3)周期性检查策略

该策略是每隔一定时期检查一次库存,并发出一次订货,把现有库存补充到最大库存水平 S,如果检查时库存量为 I,则订货量为 $S-I$。经过固定的检查期 t,发出订货,这时,库存量为 I_1,订货量为 $(S-I_1)$。经过一定的时间(LT),库存补充 $(S-I_1)$,库存到达 A 点。再经过一个固定的检查时期 t,又发出一次订货,订货量为 $(S-I_2)$,经过一定的时间(LT 为订货提前期,可以为随机变量),库存又达到新的高度 B。如此周期性检查库存,不断补给。

该策略不设订货点,只设固定检查周期和最大库存量。该策略适用于一些不很重要的或使用量不大的物资。

(4)综合库存策略

该策略是连续性检查的固定订货点、最大库存策略和周期性检查策略的综合。这种补给策略有一个固定的检查周期 t、最大库存量 S、固定订货点水平 R。当经过一定的检查周期 t 后,若库存低于订货点,则发出订货,否则,不订货。订货量的大小等于最大库存量减去检查时的库存量。

4)(拓展了解)供应商管理库存

供应商管理库存(Vendor Managed Inventory,VMI)是一种在供应链环境下的库存运作模式,本质上,它是将多级供应链问题变成单级库存管理问题,相当于按照传统用户发出订单

进行补货的传统做法。VMI是以实际或预测的消费需求和库存量,作为市场需求预测和库存补货的解决方法,即由销售资料得到消费需求信息,供货商可以更有效地计划、更快速地反映市场变化和消费需求。

3.1.6 （财务岗位）基础会计知识

1）资金问题

筹集资金主要有两方面的来源:投资者投入的资金和向债权人借入的资金。投资者投入的资金有货币投资、实物投资、证券投资、无形资产投资等。向债权人借入的资金主要是向金融机构和其他单位借入的资金。这部分资金就形成了负债,包括长期负债和流动负债。

使用资金主要介绍资金在供、产、销三个过程中是如何变化的。

（1）供应过程

用货币资金购买各种劳动对象（即材料物资）作为生产储备,在这个过程中,采购材料的经济业务,引起资金发生了如下变化:

①实物形态转化:银行存款减少,材料增加。

②价值形态转化:货币资金减少,储备金增加。

（2）生产过程

既是产品的制造过程,又是生产的消耗和新价值的创造过程,即生产资金的形成过程和转化成品资金的过程。

在这个过程中,生产产品的经济业务,引起资金发生了如下变化:

①实物形态转化:材料减少,在产品增加;然后在产品减少,库存产成品增加。另外,在这个过程中要支付工资,提取固定资产折旧,还会发生其他费用。

②价值形态转化:储备资金减少,生产资金增加;生产资金减少,成品资金增加。

（3）销售过程

企业把生产的产成品销售给购买单位,并取得销售收入,收回货币资金。在这个过程中,销售产品的经济业务,引起资金发生了如下变化:

①实物形态转化:产成品减少,银行存款增加。

②价值形态转化:成品资金减少,结算资金增加;结算资金减少,货币资金增加（新实现的产品价值）。

2）会计等式

会计等式亦称会计恒等式或会计平衡公式。其表述如下:资产＝负债+所有者权益。

这个等式表明企业在定时点上资金运动的相对静止状态。

从企业的一定时期来观察,企业在经营活动中要发生各种费用,也取得各种收入,因而会计平衡公式为:

$$资产 = 负债 + 所有者权益 + 收入费用$$

也可转换为:

$$资产 + 费用 = 负债 + 所有者权益 + 收入$$

企业资金的任何变化,都会表现为数量上的变化。经济业务的发生,会引起企业资金运动发生四种情况的变化:

①一种资产增加,同时,另一种资产减少。

②一种负债及所有者权益增加,同时,另一种负债及所有者权益减少。

③一种负债及所有者权益增加,同时,一种资产增加。

④一种负债及所有者权益减少,同时,一种资产减少。

这四种情况的变化结果,都不会破坏会计平衡公式。

会计平衡公式及其所反映的经济关系,是建立复式记账法的依据,也是处理经济业务、编制会计分录和会计报表的依据。在后面的资产负债表中,可以清晰地看到这种平衡关系。

3)折旧

折旧方法有直线法和加速折旧法两类,直线法分配的折旧费用在资产使用年限的每一年都是相同的,其他大多数折旧方法都是各种形式的加速折旧法。加速折旧要求在资产使用早期多计提折旧,在资产使用后期少计提折旧。

在资产整个使用年份中,直线法和加速折旧法计提的折旧总额是相同的。直线折旧的方法只有一种,而加速折旧法有多种,每一种计算的结果稍有差异。当然,使用的折旧方法会在财务报表的附注中披露。

(1)直线法

直线法下资产使用年限中每一年确认的折旧费用占资产成本的比率相同。年度折旧费用的计算是资产成本减去估计残值后剩余的应计折旧成本除以估计使用年限。公式如下:

$$年度折旧费用 = 成本估计残值 / 使用年限$$

(2)余额递减法

现今最常用的加速折旧法是定率余额递减法。

该余额递减法下的加速折旧比率是直线折旧率的某个规定比率,年度折旧费用的计算是用加速折旧率乘以资产的未折旧成本(现时账面价值)。计算公式如下:

$$折旧费用 = 剩余的账面价值 × 加速折旧率$$

资产的使用年限中加速折旧率保持不变,这一比率就是定率余额递减法中的"定率",账面价值(成本减累计折旧)每年递减,就是所说的"余额递减"。

有时将加速折旧率设定为直线折旧率的某个规定比率,通常这个规定比率是200%,加速折旧率正好是直线折旧率的200%,所以加速折旧法又叫双倍余额递减法(或200%余额递减法)。

3.1.7　(财务岗位)企业财务状况分析

1)杜邦分析法

杜邦分析法(DuPont Analysis)是利用几种主要的财务比率之间的关系来综合地分析企业的财务状况。具体来说,它是一种用来评价公司盈利能力和股东权益回报水平,从财务角度评价企业绩效的一种经典方法。其基本思想是将企业净资产收益率逐级分解为多项财务比率乘积,这样有助于深入分析比较企业经营业绩。由于这种分析方法最早由美国杜邦公司使用,故名杜邦分析法。

杜邦分析法最显著的特点是将若干个用以评价企业经营效率和财务状况的比率按其内在联系有机地结合起来,形成一个完整的指标体系,并最终通过权益收益率来综合反映。

杜邦分析法中的几种主要的财务指标关系为:

净资产收益率 = 资产净利率(净利润/总资产) × 权益乘数(总资产/总权益资本)

而:资产净利率(净利润/总资产) = 销售净利率(净利润/总收入) × 资产周转率(总收入/总资产)

即:净资产收益率 = 销售净利率(NPM) × 资产周转率((AU,资产利用率) × 权益乘数(EM)

杜邦分析法包括以下几种主要的指标关系:

①净资产收益率是整个分析系统的起点和核心。该指标的高低反映了投资者的净资产获利能力的大小。净资产收益率是由销售报酬率、总资产周转率和权益乘数决定的。

②权益系数表明了企业的负债程度。该指标越大,企业的负债程度越高,它是资产权益率的倒数。

③总资产收益率是销售利润率和总资产周转率的乘积,是企业销售成果和资产运营的综合反映,要提高总资产收益率,必须增加销售收入,降低资金占用额。

④总资产周转率反映企业资产实现销售收入的综合能力。分析时,必须综合销售收入分析企业资产结构是否合理,即流动资产和长期资产的结构比率关系。同时还要分析流动资产周转率、存货周转率、应收账款周转率等有关资产使用效率指标,找出总资产周转率高低变化的确切原因。

2)平衡计分卡

科莱斯平衡计分卡(Careersmart Balanced Score Card),源自哈佛大学教授 Robert Kaplan 与诺朗顿研究院(Nolan Norton Institute)的执行长 David Norton 于 1990 年所从事的"未来组织绩效衡量方法"——一种绩效评价体系。当时该计划的目的,在于找出超越传统以财务量度为主的绩效评价模式,以使组织的"策略"能够转变为"行动"。经过将近 20 年的发展,平衡计分卡已经发展为集团战略管理的工具,在集团战略规划与执行管理方面发挥非常重要的作用。平衡计分卡主要通过图、卡、表来实现战略的规划。

平衡计分卡的设计包括四个方面:财务角度、顾客角度、内部经营流程、学习和成长。这几个角度分别代表企业三个主要的利益相关者:股东、顾客、员工。每个角度的重要性取决于角度的本身和指标的选择是否与公司战略相一致。其中每一个方面,都有其核心内容:

(1)财务层面

财务业绩指标可以显示企业的战略及其实施和执行是否对改善企业盈利做出贡献。财务目标通常与获利能力有关,其衡量指标有营业收入、资本报酬率、经济增加值等,也可能是销售额的迅速提高或创造现金流量。

（2）客户层面

在平衡计分卡的客户层面,管理者确立了其业务单位将竞争的客户和市场,以及业务单位在这些目标客户和市场中的衡量指标。客户层面指标通常包括客户满意度、客户保持率、客户获得率、客户盈利率,以及在目标市场中所占的份额。客户层面使业务单位的管理者能够阐明客户和市场战略,从而创造出出色的财务回报。

（3）内部经营流程层面

在这一层面上,管理者要确认组织擅长的关键的内部流程,这些流程帮助业务单位提供价值主张,以吸引和留住目标细分市场的客户,并满足股东对卓越财务回报的期望。

（4）学习与成长层面

它确立了企业要创造长期的成长和改善就必须建立的基础框架,确立了未来成功的关键因素。平衡计分卡的前三个层面一般会揭示企业的实际能力与实现突破性业绩所必需的能力之间的差距,为了弥补这个差距,企业必须投资员工技术的再造、组织程序和日常工作的理顺,这些都是平衡计分卡学习与成长层面追求的目标。如员工满意度、员工保持率、员工培训和技能等,以及这些指标的驱动因素。

平衡计分卡方法打破了传统的只注重财务指标的业绩管理方法。平衡计分卡认为,传统的财务会计模式只能衡量过去发生的事情(落后的结果因素),但无法评估组织前瞻性的投资(领先的驱动因素)。在工业时代,注重财务指标的管理方法还是有效的。但在信息社会里,传统的业绩管理方法并不全面,组织必须通过在客户、供应商、员工、组织流程、技术和革新等方面的投资,获得持续发展的动力。正是基于这样的认识,平衡计分卡方法认为,组织应从四个角度审视自身业绩:财务、顾客、业务流程、学习与成长。

其中,平衡计分卡所包含的五项平衡:

①财务指标和非财务指标的平衡,企业考核的一般是财务指标,而对非财务指标(客户、业务流程、学习与成长)的考核很少,即使有对非财务指标的考核,也只是定性的说明,缺乏量化的考核,以及系统性和全面性。

②企业的长期目标和短期目标的平衡。平衡计分卡是一套战略执行的管理系统,如果以系统的观点来看平衡计分卡的实施过程,则战略是输入,财务是输出。

③结果性指标与动因性指标之间的平衡。平衡计分卡以有效完成战略为动因,以可衡量的指标为目标管理的结果,寻求结果性指标与动因性指标之间的平衡。

④企业组织内部群体与外部群体的平衡。平衡计分卡中,股东与顾客为外部群体,员工和业务流程是内部群体,平衡计分卡可以发挥在有效执行战略的过程中平衡这些群体间利益的重要性。

⑤领先指标与滞后指标之间的平衡。财务、顾客、业务流程、学习与成长这四个方面包含了领先指标和滞后指标。财务指标就是一个滞后指标,它只能反映公司上一年度发生的情况,不能告诉企业如何改善业绩和可持续发展。对后三项领先指标的关注,使企业达到了领先指标和滞后指标之间的平衡。

【任务评价】

表 3-2　"ERP 沙盘技巧拓展概述"任务评价表

任务编号	3-1	任务名称	ERP 沙盘技巧拓展概述	课程名称	ERP 沙盘模拟运营实训	
技能点与思政元素		评价指标			评价权重/%	评价得分（百分制）
		A	B	C		
专业技能	任务计划制订	任务计划合理，准备充分，实施过程中有详细的记录	任务计划合理，准备较充分，实施过程中有记录	任务计划较合理，准备较充分，实施过程中记录不全	20	
	任务实施结果	在规定的时间内完成任务，较好地理解了沙盘、ERP、企业经营、创新创业的知识	在规定的时间内完成任务，掌握大部分沙盘、ERP、企业经营、创新创业的知识	在规定的时间内完成任务，掌握一部分沙盘、ERP、企业经营、创新创业的知识	40	
	实训报告	能完整地总结任务的开始、过程、结果，认真总结分析完成情况	能较完整地总结任务的开始、过程、结果，分析完成情况	能总结任务的过程、结果和完成情况	20	
课程思政	纪律	不迟到，不早退，中途不离开任务实施现场	不迟到，不早退，中途离开任务实施现场的次数不超过一次	有迟到或早退现象，中途离开任务实施现场的次数不超过两次	5	
	实训环境整理	严格按照实训场所规范操作，操作完成后主动做好现场清理工作，态度认真	能够按照实训场所规范操作，操作完成后做好现场清理工作，态度认真	基本按照实训场所规范操作，操作完成后做好现场清理工作	5	
	团队协作	配合很好，积极主动完成分工职责，认真完成任务	配合较好，能够按照组长的安排完成任务	能够与同学配合完成任务	5	
	语言能力	积极参与沟通，回答问题，条理清晰，声音洪亮	主动参与沟通，回答问题，条理较清楚，声音较大	能够参与沟通，回答问题，声音清晰	5	
任务评价总体成绩：＿＿＿＿＿						
				评价教师签字：＿＿＿＿＿ 日　　　　期：＿＿＿＿＿		

项目 4　ERP 沙盘经验总结及案例分析

学习任务

　　1.通过直观的 ERP 企业沙盘模型进行企业经营演练,每位成员直接参与企业的模拟经营。

　　2.调动成员主观能动性。要想在竞争中获胜,不但要熟练掌握每一项规则,而且在运营细节中,模拟企业各角色岗位,还要学会一些技巧。

任务 1　ERP 沙盘经验总结

学习目标

1.了解企业战略和关键成功因素。

2.学会用战略的眼光看待企业的财务管理、企业运营和决策。

3.掌握模拟企业运营的技巧,并能够创新。

【案例导入】

一个成功的企业需要什么[1]

一个成功的企业需要什么?目标、理念、预算、决策、团队协作、经验、资金……任何企业的持续运营都不是上述某一方面的独立作用,而是需要各方面的综合作用。所谓天时、地利、人和,一个企业的成功离不开各方面的相互协调、相互配合、相互作用。

在 ERP 企业经营沙盘模拟中,参赛成员组建的企业经营团队在熟练掌握运营规则的同时,也要依据竞争姿态调整企业的部门设置和各角色岗位职能分工,针对竞赛盘面做到"以变制变"。

①体验企业,体验企业管理流程,体验企业在竞争的环境下生存、发展的过程。

②培养学生企业经营的关键决策能力以及运用策略改进企业运营状况、创造价值的能力。

③找到跟踪企业运行状况的"仪表盘":学生能够根据企业资源情况,进行有效分析,分析市场需求,科学制订物料采购计划、生产制造计划、物料需求计划、库存策略、市场竞争策略等,达到营销管理、生产管理、物流管理等技能的提升。

④适时把握企业方向的"驾驶技能":锻炼提升学生分析与解决问题的能力、全局系统观念、专业团队协调精神、沟通精神、诚信品质。

【相关知识】

4.1.1　角色职能攻略

总经理(CEO):总揽全局,把握整体战略,能够在关键时刻做出抉择,成为团队信息交流的中心,协调各个角色职能。

销售总监(CMO):主要任务是分析市场,从给出的市场预测表和竞争对手的市场布局

1　刘洁,闫沛辰.ERP 沙盘模拟运营实训教程[M].南京:南京大学出版社,2019.

分析整理出最有利于本组的产品和市场组合,提供给总经理。

生产总监(CPO):进行生产规模的决策,及时计算产能,为销售总监提供下一年可产出的产品种类和数量,为采购总监提供采购材料的品种、时间和数量。

采购总监(CSO):根据企业产能和生产订单合理安排材料订购,以达到及时按量供应,无结余无缺口。根据团队情况还可以充当第二财务或者第二生产,帮助验证正确性。

财务总监(CFO):做好公司每年的财务预算,填写当年的财务报表,优化长、短期贷款和贴现。及时为总经理提供本公司当年权益、下年预计权益、本年最高广告投放额度和财务预警。结合销售总监提供的信息,分析各竞争对手的下年预计权益和策略。

4.1.2 总经理操作攻略

总经理作为一个企业的核心人物,必须对企业的各个方面状况了如指掌,比如财务、生产,特别是市场。在决策阶段,各个总监在企业经营管理上出现意见分歧,无法统一时,总经理就要发挥自己作为领导的职能,根据自己对综合信息的判断做出决定,以免争论时间过长而导致超过时限。总经理需要与各个总监及时进行数据核对,做到输入的零失误。可以说,总经理需要参与到任何一个环节中,一方面运筹帷幄,把握企业的发展方向;另一方面还要作为队员之间沟通协作的桥梁,把每个人有机地结合起来,使之成为一个团队。

1)总经理的主要职责

(1)研究

①研究规则,吃透规则,预测市场。企业的决策全部都要在规则限制下制订,因此总经理首先要把规则吃透,然后研究市场,抓住市场的需求。比如,企业生产经营6年,生产线和产品该如何选择等。

②研究竞争对手。弄清对手的发展状况,有针对性地制订对策。

(2)分析

①产品。产品专业化(选好主打产品):选择毛利比较高的产品,可以做到重点生产某个品种的产品或者只生产某个品种的产品。

②市场。市场专业化(集中化):主打某种产品,依据每年市场容量的大小集中选择一个或几个大的市场,做好产品、市场、时间的三维坐标体系。选定某重要市场,做好市场老大。

市场全面化(开发市场全面):可以选择多个市场或所有市场,但是同样需要先做好产品、市场、时间的三维坐标体系。分散投放广告,降低风险,取得很好的利润。

③融资渠道。贷款分为长期贷款和短期贷款。贷款的时间、数量、类型会影响公司的效益。通常长期贷款用于生产线投资、产品研发等;短期贷款用于维持生产和生产周转。

贴现:做好财务预算,尽量做到不贴现。贴现的费用很高,而且应收款的问题会导致恶性循环。

④生产线的安置。先根据市场来确定生产,再根据生产总监的生产作业安排和财务总监的财务预算来决定如何安放生产线。

2)总经理战略制定

在制定战略之前需要完成战略准备,总经理提前和其他总监讨论沟通。市场分析是最重要的环节,所有的策略、方案都是根据市场需求来制定的。企业自身的发展目的是满足市场需求,是市场决定方案,而不是方案决定市场,所以准确、全方位地分析市场才是关键。

总经理配合其他总监分析市场,通常通过量、价、时、空4个要素来进行全方位分析。

(1)量——市场需求量

市场需求量决定了企业的产品能否销售出去,所以要学会根据市场需求来变化产品组合。

(2)价——销售价格

产品的销售价格会影响产品利润。产品的销售价格决定了产品的毛利。所以,在制订营销方案时,必须对每种产品在每个市场上的利润进行准确分析。要有目的性地投放广告,以获得大量销售额,从而获得更大的利润。

(3)时——产品出现的时间

企业经营沙盘运营的6年里,每一种产品在6年里的价格走势是不断变化的,所以要准确地抓住产品价格的特性走势。

(4)空——产品空白区域

必须学会分析预测市场的空白区域——无人竞争或竞争不激烈的区域。通过市场分析,大家很容易发现某产品的价格高、需求量大,但是该产品不会成为市场的空白区域。如果要精准预测市场空白区域,就要学会逆向思维。在制订营销计划时,企业必须有针对市场空白区域的辅助产品。这样企业可以做到产品零积压、材料库存零积压。无不良库存占用资金、无打折处理产品和原材料导致损失利润,为企业后续发展打下基础。

3)总经理常见战术

(1)*广告攻略*

①力压群雄——霸王策略。

压制型,顾名思义,压制竞争对手,从第一年起,就最大限度地利用权益贷款,抢夺本地市场最大销售额。利用长期贷款和短期贷款快速大量融资,快速增加高产能生产线并同时研发高科技产品。采取压制性的广告投入在每一个市场获取大量订单。

团队要敢于破釜沉舟,谨小慎微者慎用。该策略的劣势在于如果资金或者广告在某一环节出现失误,企业会陷于十分艰难的处境,而且前期的高投入会给企业带来很大的还款压力,可能导致企业破产。压制型战术要敢于冒风险,短期贷款和长期贷款同时运用为的就是获得大量资金,使"高广告费+高科技研发+高市场份额+高产能生产线"的模式能够最快成型。该策略适合在自身实力雄厚、竞争对手实力弱的环境下使用。

②"见风使舵"——渔翁策略。

采取跟随型策略的企业通常先保证前几年运营不破产,等待竞争对手这几年激烈竞争带来的机会。用跟随型策略的企业一般不会破产,也不容易拿到第一。跟随型策略要求企业首先在产能上要努力跟随前一、二名的发展节奏,同时在内部努力降低成本。在每次开拓新市场时均采用低广告策略,规避风险,稳健经营,在其他竞争对手两败俱伤时迅速占领市场。

跟随型策略实施的关键是:第一,要做到一个"稳"字,即经营过程中一切严格按计划执行。广告投入、产能扩大都是循序渐进、稳扎稳打、逐步实现的。第二,要能够把握时机。因为时机稍纵即逝,对竞争态势和竞争对手的情况一定要认真仔细地分析。该策略适合在自身实力稍逊而竞争对手实力较强且竞争激烈的环境下使用。

③"见缝插针"——差异化策略。

在企业经营过程中,尽量避免广告费的投入同其他企业形成恶性竞争。配合自己的生产能力,主要在某些产品的空白市场或者竞争不是很激烈的市场投放广告,争取以最低的广告成本获取最多的有利订单,薄利多销,最终取胜。采取保守型策略企业的目标是不破产。其做法是企业通常在前几年通过不贷款、低广告费、低产能、低研发来保住企业的权益不下降。到后面开始全额贷款,购买厂房,研发所有产品,安装多条生产线,把综合分数做到最大化。该策略适合在自身实力相对较弱的环境下使用。

④"忍辱负重"——越王策略。

前期减少广告费投入,积聚力量扩大生产和产品研发。同时,由于期初广告费投入较少,可能权益过低,处于劣势地位。因此,在前两年不得不靠基础产品维持生计,度过危险期。在后几年突然推出新产品配以精确的高广告费策略,出其不意攻占对手的薄弱市场。此策略制胜的关键点在于广告运作,因为要采取精确广告策略,所以要仔细分析对手的情况,找到对手在市场中的薄弱环节,以最小的代价夺得市场,减少成本。该策略适合在自身有一定实力但在前期因广告策略不佳获取订单量小或有意在前期避其锋芒的情况下使用。

(2)投资方略

企业筹资的目的是投资,投资是企业对所持有资金的一种运用,是企业创造财富的必要前提。企业经营的目的是盈利,利润主要来自销售收入。在 ERP 沙盘模拟对抗中,扩大销售收入就必须考虑三个因素:开拓新市场、研发新产品和提高产能,这三个方面都是要投资的。

①资源运用符合"配称"原则。

资源"配称"可以有效避免资源浪费,使企业的整体绩效最大化。具体到 ERP 沙盘模拟对抗中,就是要求市场开拓、产品研发、生产线建设以及材料采购等环节要"配称",如产品研发与生产线建设应该同期完成,原材料入库与上线生产能够协调一致,产能扩张与市场开拓保持同步,投资需求与资金供给有效匹配等。

在 ERP 沙盘模拟对抗课程中,产供销脱节的现象比比皆是,这是很多模拟企业经营惨淡的根本原因。例如,有的小组开拓了广阔的市场,本应顺理成章地接到很多订单,却发现产能不足,即使生产线全力以赴也无法满足订单的要求;有的小组花费大量资金购置了自动线或柔性线,产能很高,但产品单一、市场狭小,导致产品积压和生产线闲置;有的小组营销、生产安排妥当,只等正常生产和交货即可有光明的前景,然而库存原材料又不够了,只能停工待料或者紧急采购,打乱了事先的部署。凡此种种,不一而足。

②各种生产线的性价比。

a.手工线与自动线比较。

就买价、产能和年折旧费而言,三条手工线等于一条自动线。但是,三条手工线比一条自动线还要多占两个机位,这会大大限制企业产能的扩张。所以,自动线的性价比优于手工线。

b.柔性线与自动线比较。

柔性线与自动线各有千秋,柔性线的买价比自动线多50万元,柔性线的残值比自动线多5万元,所以总体来看,柔性线比自动线多支付现金。柔性线的优势在于转产,自动线转产要停工并支付转产费,权益减少。

③生产线建设策略。

a.生产线开始建设的最佳时点应该是保证产品研发与生产线建设投资同期完成。例如,P3产品研发周期是6个季度,自动线安装周期是3个季度,如果第1年第1季度开始研发P3产品,第1年第4季度开始建设生产P3产品的自动线,那么第2年第2季度P3产品研发与自动线生产线建设投资恰好同期完成,第2年第3季度上线生产P3产品。

b.建设产能灵活的生产线。在ERP电子沙盘模拟经营第1年,由于竞争对手的情况不明朗,应尽量建设产能灵活的生产线,以便给第2年选单留有余地。如果企业第2年只接到3个P3产品的订单,那么,第4条自动线就可以延期投资,在第2年第4季度完成投资,这条生产线第2年就不需要支付维修费。

④巧用手工线。

手工线有一个重要作用——救火队员。

在选单中,有时会遇到订单数量比实际产能多1个。如果接下这张订单,有两种方法解决燃眉之急:一是紧急采购1个产品,以弥补产能的不足;另一种方法是利用手工线即买即用的特点,在厂房机位有空余的情况下,第1季度买1条手工线并投产,可以在第4季度产出1个产品,同时将手工线立即出售。当然,利用手工线救急还必须有满足上线生产的原材料,若原材料也需要紧急采购那就另当别论了。

⑤出售生产线的时机。

从权益的角度看,当生产线还剩一期折旧费未计提时,出售生产线是有利的。根据ERP沙盘模拟对抗规则"生产线按其残值出售,净值与残值之差计入损失项",当出售的生产线还剩一期折旧费未计提时,残值变为现金,最后一期折旧费转入了损失,但节省了维修费,提高了权益。

4.1.3　销售总监操作攻略

历年竞赛统计发现,有的参赛队总是在市场的需求量很小的时候采用产能很大的生产线方案,相反在市场需求很大的时候却采用产能很小的生产线方案,需求与产能不匹配,结果不是每年年末有大量库存,就是因为产能跟不上市场而损失严重。所以,选择与市场最相符的方案是十分重要的。笔者认为,好的市场分析,一定是建立在吃透与之相匹配的规则的基础上的。

1)市场战略技巧

(1)分析企业的市场环境

首先,分析企业所处的环境,如政治、经济、文化、生活习惯等方面,这对企业进入市场特别是进入国际市场尤为重要。其次,分析企业内部和外部环境,了解哪些因素会对企业未来活动产生影响。认清这些影响的性质——支持性的影响是企业的优势,妨碍性的影响是企业的劣势,知道如何对不同性质的内部环境因素采取措施,了解哪些外部因素随企业的未来发展而会产生影响。最后,分析竞争者情况,了解企业的竞争对手的基本情况。这样可以使企业在了解自身所处的环境下,做出正确的市场战略选择。

（2）对企业进行 SWOT 分析

企业必须寻找特定的市场营销机会,来指导营销战略的制定。在市场营销战略制定过程中,评估企业机会和障碍会涉及对企业情况的分析,包括企业的经济状况、消费者情况和外部环境因素。首先,要根据企业市场营销能力来检查企业的优势和劣势,同时对企业过去的经营成果以及市场营销的优势、劣势进行评价,了解企业的威胁和机会,在市场竞争中抓住威胁;其次,要进行销售和管理的成本研究;最后,预测企业的销量。通过分析,企业才会发现竞争优势、革新技术和获得新市场的机会,以及可能遇到的障碍。

（3）市场定位,确定目标市场

市场定位就是确定企业及产品在目标市场上所处的位置。企业根据竞争者现有产品在市场上所处的位置,针对顾客对该类产品某些特征或属性的重视程度,为本企业产品塑造与众不同的、给人印象鲜明的形象,并将这种形象生动地传递给顾客,从而使该产品在市场上占有适当的位置。

目标市场是指企业进行市场细分之后,拟选定进入并为之服务的子市场。企业将整个市场划分为若干个子市场,对子市场的需求进行分析,并开发适销对路的产品,采取与之对应的市场营销组合。在确定目标市场的过程中,会受到众多因素的影响,如消费者的消费水平、生活习惯等。

（4）制定市场营销组合策略

市场营销组合策略是企业实现市场营销战略的行动方案。它比较复杂又具有综合性,涉及产品、分销、促销、价格四个因素。这四个因素也称为市场营销组合因素。市场营销组合策略也是通过这几个方面将市场营销战略加以执行和落实的。一套完整的市场营销组合策略往往关系到企业的发展,市场营销组合策略是基于企业营销战略而制定的。这要求企业对市场机会、目标市场、企业自身优劣势、竞争者情况等因素进行分析,从而制定企业的市场营销组合策略来作为实施企业营销战略的方向,最终达到促进企业发展的目的。

2）产品策略技巧

通常,拿到一个市场预测,首先做的就是将图表信息转换成易于读识的数据表。通过这样"数字化"转换以后,我们可以清晰地看到各种产品、各个市场、各个年度的不同需求量和毛利。通过这样的转换,我们不仅可以一目了然地发现不同时期市场的"金牛类"产品是什么,还可以凭其做出正确的战略决策。

更重要的是,通过将市场总需求量与不同时期所有企业的产能相比较,可以分析出该产品是"供过于求"还是"供不应求"。通过这样的分析,就可以大致分析出各个市场的竞争激烈程度,从而确定广告费。

除了考虑整体市场的供需情况外,还可以将这些需求量除以参赛的队数,得到一个平均值。那么在投广告时,如果计划今年出售的产品数量大于这个平均值,那么你可能需要投入更多的广告费以争得更多的市场份额。相反,如果计划出售的产品数量小于这个平均值,那么相对来说可以少投入一点广告费。

除了以上根据需求量分析以外,广告费的投放有时还要考虑整体广告方案,充分吃透和利用以下规则:若在同一产品上有多家企业的广告投入相同,则按该市场上全部产品的广告投入量决定选单顺序;若市场的广告投入量也相同,则按上年订单销售额的排名决定顺序。如果公司在某一市场整体广告费较高,或者公司前一年度销售额相对较高,则可以适当优化部分产品的广告费用,从而实现整体最优的效果。

3)广告策略技巧

广告就像排兵布阵,面对不同的地形和不同的对手,选择不同的兵种和兵力。我们要从生产总监那里知道我们的库存和产能。知道了兵力情况,再布兵(打广告)。如果我们要争夺市场老大,那么在投放广告的时候就要尽量集中在目标市场抢占销售额,如果不需要争夺市场老大,我们就需要把广告投到利润高的市场和产品上,以争取更大的即时利润。

营销总监应该还是一个整理记录者。

①整理:把每种产品在每一个市场每一年的盈利情况和需求量尽量准确地整理出来(一般就是平均,市场中总是有几个价格高但量少的单,也会有价低但量大的单),这张表就是今后沙盘运行中的军事地图,总经理的决策应该有30%来自这张表。

②记录:记录竞争对手的选单情况,以便监视对手的产品库存量,进一步推算出对手在后续市场的产品输出能力,再制定自己的选单策略,在选单尤其是竞单的时候,这个工作极为重要。

4.1.4　生产总监操作攻略

每一年,生产总监都需要根据销售总监和总经理制订的企业经营计划来制订相应的生产线投资计划,选择用什么样的生产线来生产,然后根据销售总监获得的订单情况来合理地安排生产,而销售总监在选择订单时需要生产总监提供生产线的产能信息。

根据生产总监提供的产能信息,销售总监才能选择可按期交付的、高利润的订单组合,这样就可以避免选择订单过多而造成违约的情况。这个时候就要求生产总监熟悉企业投资的生产线,以及生产线的产能和数目,生产总监尽可能在销售总监选择订单时就排好本年度企业的生产过程和产能,并且企业一开始的生产线肯定不能只建设一条。要建设几条生产线、分别为什么线型,情况会特别复杂,这对生产总监的要求很高。

1)生产运作制定战略

制定生产运作战略时,首先应分析企业面临的内外部环境,这些环境主要有以下几方面:

(1)宏观环境

影响生产运作战略制定的宏观环境包括自然环境、政治法律环境、经济环境、社会文化环境和技术环境。自然环境是指自然界提供给人类各种形式的物质资料,如阳光、空气、水、森林、土地等。政治环境是指企业市场营销活动的外部政治形势,法律环境是指国家或地方政府所颁布的各项法规、法令和条例等,它是企业营销活动的准则,企业只有依法进行各种营销活动,才能受到国家法律的有效保护。经济环境包括国民消费水平、收入分配、投资水平、国民生产总值、国内生产总值、家庭数量和结构、经济周期、就业水平、储蓄率、利率等。经济环境影响一国或某地区的需求规模、结构,从而影响企业资源的投向,进而影响企业的发展方向。社会文化环境是指在一种社会形态下已经形成的价值观念、宗教信仰、风俗习惯、道德规范等的总和。任何企业都处于一定的社会文化环境中,企业营销活动必然受到所在社会文化环境的影响和制约。技术环境是指企业所处的社会环境中的技术要素以及其他相关要素。这些环境都会影响生产运作战略的制定,技术环境对生产运作战略制定的影响较大,技术的发展不仅影响产品的开发和服务,也影响生产的组织和工艺水平。

(2)行业环境

行业是指由生产类似产品、满足同类用户需求的企业组成的群体。行业中同类企业的竞争能力和生产能力将直接影响企业的生存与发展,特别是在开发新产品时,更应该考虑行业环境。

(3)市场环境

企业的需求状况将直接影响企业的产品开发能力的配置。如果市场对本企业的产品需求量大,企业将决定扩大生产能力,满足社会需要;如果市场对本企业的市场需求逐渐下降,那么企业必须考虑技术转产或者开发其他产品,实现生产能力的转移。市场环境主要包括顾客、供应商以及其他利益群体。但在现代生产系统里,往往把市场环境中的顾客和供应商纳入系统中,作为系统的内在条件来处理。

(4)企业总体战略、经营层战略和其他职能层战略

要分析企业总体战略和经营层战略,研究它们对生产运作战略制定的具体要求,同时也要充分考虑其他职能层战略对生产运作战略制定的影响,从整体效益角度进行考虑来制定审查运作战略。例如,企业的库存,从生产角度来看,为了保证生产的稳定性和连续性,防止出现原材料短缺现象,希望保持一定数量的库存,但财务部门从企业效益的角度来看,希望尽可能地减少库存,彼此之间存在矛盾。因此,在制定生产运作战略时,不但要考虑自身目标,也要考虑企业总体目标以及相关职能部门的目标。

(5)企业生产能力

企业生产能力将直接影响企业生产运作战略目标的制定,如生产计划的制定必须以生产能力为基础。

生产运作战略的制定程序如下:

①编制制定战略任务说明书。说明制定生产运作战略的目的、意义、任务、内容、程序、注意事项等。

②进行环境分析,包括外部环境和内部条件。评价企业的外部环境时,特别要评价在这

种环境下企业所面临的机会和威胁。对于企业内部条件,主要是分析企业的优势和劣势,以便确定符合企业环境的战略目标。

③制定战略目标。根据企业的总体战略目标、企业的战略使命以及对企业内外部环境的分析,确定企业生产运作战略的目标,如生产能力利用目标、生产率目标、质量目标、产量目标等。

④评价战略目标。对战略目标要进行较为全面的评价,评价可以根据企业的实际情况,从定量、定性两个方面进行。

⑤提出备选战略方案。根据企业生产运作战略目的以及企业所面临的内外部环境,实事求是地制定战略方案。方案不是唯一的,而应该是针对不同的条件制订出多种方案,以供选择。

⑥选择战略方案。要对每个方案的成本、收益、风险以及它们对企业长期竞争优势的影响进行评估,运用定性和定量方法选出一个最满意的方案。

⑦实施战略方案。对已选的方案,要组织实施。为了更好地实施方案,应制订行动计划,分派决策责任并建立协调和控制机制。另外,应积极动员全体员工参与实施工作,这是战略方案成功实施的关键所在。

2)生产线的选择

一个企业想要占有高的市场份额就必须销售大量的产品,没有足够产能的生产线就无法与对手竞争,即使有订单也不敢接,因为造成毁约违约更是得不偿失。下面介绍常见的几种生产线:

①手工生产线,灵活,生产效率低,同样是一年5万元的维护费用,但生产效率远远不及其他生产线。不需要安装、转产灵活和折旧费低是它的优势。

②自动生产线,折旧费用适中。既能使生产效率达到最大,也能保证平均单位产品综合费用最小。缺点是适应市场变化灵活性差、转产周期长。不建议转产,可用到最后。除非对市场和原材料把握准确,否则不建议转产。

③柔性生产线,适应市场变化灵活性强,生产效率和自动生产线一样是最高的,缺点是折旧费用高,不建议多建设,一般准备一条转产备用即可。

为使效益最大化和权益最优化,自动生产线是最佳选择,因为折旧率和权益直接挂钩,自动生产线的生产效率和综合发展分值和柔性线是相等的,实为竞争利刃(性价比最高)。

3)生产线的灵活运用

生产线如何安放的问题一直没有特定的方案。第一年年初会议,总经理和各部门总监安排生产线,但是在第二年到第六年这一段时间里什么时候安装生产线、安装什么生产线就是很有必要研究的问题,这就是所谓的"开源"。要想多获取利润,就必须想方设法扩大产能,但是如果时机选择不恰当,就会弄巧成拙。选择增加生产线的时机,要把握好以下两点:

①看市场的需求,看宏观总需求量,看现在所剩的比赛组数。

②看自己的权益和现金流是否足够用于生产线的建线、是否还需租赁厂房、建完生产线

后用于原材料购进的费用是否足够、有没有用于生产产品的现金等。

4.1.5　采购总监操作攻略

采购总监年初要参加订货会,获取订单,根据订单在年中的时候提出预算申请,去原材料市场预订原材料,去原材料仓库收货和付款,去现货交易市场购买原材料。年初和年中的时候要在生产线上预配好原材料,年中和年末的时候要填制采购的统计表。采购总监要记住原材料采购市场的原材料数量各年不同,要与生产之间沟通并计算好时间,提早下订单以避免原材料短缺导致生产停产,要实时核对库存原材料数量,避免浪费钱,给公司造成不必要的损失。

1)材料计算问题

销售总监和生产总监如果获得了生产线产能的具体排布情况,在选择订单时就有了目标和侧重点。在安排生产时,一个重要的问题就是原材料的计算。如果原材料的计算不够精确,那么会出现以下弊端。

（1）占用资金过多

过多原材料的购入会占用一部分企业运营资金,经常这样就会使企业错过很多发展机会。比如没有资金投入研发,没有资金进行下一步生产等。此时大多数人会想到贴现,但是贴现是要付出财务费用的,财务费用增多就会降低权益,这对企业发展是不利的。而我们可以在原材料采购上下点功夫,来节省这些财务费用。

（2）生产安排条理不清

如果生产总监对原材料的需求没有清晰的概念,就会使生产、采购的操作步伐混乱,导致有时会因缺少一个原材料而需要紧急采购的情况,而紧急采购造成的损失是会降低权益的。

2)材料采购攻略

采购总监主要负责原材料的采购,包括采购什么材料,采购多少,什么时候进行采购。在接到生产总监的生产计划之后要及时计算好所需的所有原材料。采购的整个计算过程是相当复杂的,如五种产品所需的原材料不同,采购提前期也不同,必须把这些都记牢,不然就会延误生产,进而延误交货,如果延误交货就得扣除相应的违约金,这样权益就会降低。

根据产能和生产订单合理安排材料订购。由于不同材料的订购提前期不同,因此需要合理安排材料的订购时间,同时对材料的采购费用做好预算,保证企业正常的生产。企业运营的第一年,材料需求量不多,在这方面不是十分注意,而在后几年,随着产品需求量的增加,逐渐注意材料订单的时间安排,同时尽量在结束年时做到零库存。

4.1.6　财务总监操作攻略

在一个企业中,财务处于核心地位,企业中的任何一个部门、任何一个员工都需要与财务人员打交道,而财务总监更是财务模块的主要人物,因此更加需要与各个部门协商合作,统领企业资金的运转。财务是一个团队的"计划中心",任何企业经营方案都要经过财务的精密核算才能确定其可行性,从而降低风险。财务总监要具备快速核算多种预案的能力,其工作量很大。所以,其组员都必须懂得财务知识,这样才能做到与自身职位密切结合,研讨出更科学的方案,提高决策的效果和效率。

1)融资财务策略

资金是企业的血液,是企业生产经营活动的支撑,处于发展中的企业更需要大量资金,能否提供充足的资金,从根本上决定了企业的发展空间和发展速度。在 ERP 沙盘模拟对抗中,一旦模拟企业的现金断流,其生产经营活动将无以为继,模拟企业就将宣告破产。

(1)负债经营原则

负债经营原则的基本原理就是在保证财务稳健的前提下充分发挥财务杠杆的作用,为股东谋求收益最大化。负债经营是一把"双刃剑",一方面,如果企业经营状况良好,投资收益率大于负债利息率,则获得财务杠杆利益,达到"借鸡生蛋"的目的;另一方面,如果企业经营状况不佳,投资收益率小于负债利息率,则产生财务杠杆损失,甚至导致企业因不堪重"负"而濒临破产。

(2)长短贷结构合理

在 ERP 沙盘模拟对抗中,银行信贷是模拟企业的基本筹资渠道。长期贷款和短期贷款各有利弊:短期贷款资金成本低,但财务风险大,很容易造成还不了到期的贷款而陷入困境,如果公司开局选择只使用短期贷款,那么就要计划好公司可以形成一种借短期贷款还短期贷款的模式,保持权益不下降是关键。抢订单,应收款及时收回。使用长期贷款则相反,财务风险小,但较高的资金成本侵蚀了企业的利润空间,导致企业"干得很辛苦,就是不赚钱"。如果公司开局选择长期贷款满额使用,那么企业在随后抢单时必须谨慎,每一年的产品基本上要保证完全销售,而且公司所获取利润的最低要求与公司支出的费用持平,只有这样公司的权益才不会下降。所以,在制定筹资策略时,必须合理安排长短贷的比例,使资本成本和财务风险达到均衡,让借来的钱创造出更多的利润。

(3)控制贷款额度

①卡权益。根据 ERP 沙盘模拟对抗规则,所有长贷和短贷之和不能超过上年年末所有者权益的 3 倍。在模拟经营的前两年,由于权益较低,卡权益数以保证下一年的贷款额度非常重要。

②保权益。为保证下年度融资能力,可以通过以下方式保权益:a.推迟或放弃 ISO 认证投资。市场对 ISO 认证需求一般出现较迟,同时要求 ISO9000 和 ISO14000 的订单更稀少,因此,为保权益,首当其冲就是削减 ISO 投资支出。b.减少一个或两个市场开拓投资。市场并非越多越好,关键看能否提升企业的效益。因为市场准入资格的获得需要付出资金及时间代价,如果开发出的市场不能发挥应有的作用,则开发就是失败的。

③出售厂房。厂房处理往往是"新手不会用、高手不需用",但事实上,出售厂房也是一种应急筹资方式。

2）财务控制技巧

财务的控制,主要是指控制企业的现金流,包括控制贷款、控制贴现、迅速做现金计划等。

（1）控制贷款的方式和长短贷款

长短贷款的方案取决于 CEO 的期初策划,即根据企业策划来选择贷款方式。从实战的角度讲,一般是先短贷后长贷,控制权益。长贷一般是现金流不足以还短贷或不足以投放广告时采用的,但是也不排除扩大生产或加大产品广告投资等原因。

"滚短贷"是指循环借新的短贷来还到期的旧的短贷。控制好"滚短贷"一定要注意现金流,一旦出现现金流断流而又无法再使用权益贷款或贴现,企业可能会破产,所以一定要有比较周密的预算。长贷要注意过多的财务费用会导致权益的下降,如果能控制住这两点的话,选择长短贷就要根据策划的需要了。

（2）贴现

贴现的贴现率和长贷的利息基本是一样的,但是贴现不占用贷款额度,不会影响其他贷款的数量。如果是主动贴现(即不只是为了还贷),应该能给资金的运用带来很大的灵活性(现金流回快)。但是,贴现会减少企业应收款的额度。如果是靠贴现来循环现金流的话,则会造成很大的财务费用,权益下降过快会拖垮企业,所以融资的时候一般情况下不考虑贴现。当然,有些时候为了进行下一步生产,创造更大的利润,贴现还是可以选择的。三种融资方式都要求财务总监必须能够精准地计算出资金的需要量,灵活应用,互相结合。

3）财务验证技巧

现金流量表、财务报表是大多数人容易出错的地方,仅仅知道"资产 = 负债 + 所有者权益"的公式是不能满足财务验证要求的。

首先要了解现金预算表和财务三大表(综合费用表、利润表、资产负债表)的组成结构。

在满足"今年制造费用 + 今年材料 = 今年在制"的前提下,可得出以下结论:"今年的利润表中的直接成本 + 今年的库存产成品 + 今年的库存原材料 = 去年的库存产成品 + 去年的库存原材料 + 去年的期末在制品 + 今年第一、第二、第三季度的材料采购费用总和 + 今年第一、第二、第三季度的制造费用总和"。

若不满足前面的"今年制造费用 + 今年材料 = 今年在制"的前提条件,则必须把制造费用、在制品、材料这三个因素考虑在内,即将该条件等号的左右边加到基础公式的左右边,得出以下公式:"今年的利润表中的直接成本 + 今年的库存产成品 + 今年的库存原材料 + 今年第四季的制造费用 + 今年第四季的材料采购费用 = 去年的库存产成品 + 去年的库存原材料 + 去年的期末在制品 + 今年第一、第二、第三季的材料采购费用总和 + 今年的制造费用总和 + 今年年末在制品"。

利润表中营业利润由"三营三费资公投"组成,即:

营业利润 = 营业收入 — 营业成本 — 税金及附加 — 销售费用 — 管理费用 — 财务费用 — 资产减值损失 + 公允价值变动损益 + 投资收益 + 其他收益

【任务评价】

表4-1　"ERP沙盘经验总结"任务评价表

任务编号	4-1	任务名称	ERP沙盘经验总结	课程名称	ERP沙盘模拟运营实训	
技能点与思政元素		评价指标			评价权重/%	评价得分（百分制）
		A	B	C		
专业技能	任务计划制订	任务计划合理,准备充分,实施过程中有详细的记录	任务计划合理,准备较充分,实施过程中有记录	任务计划较合理,准备较充分,实施过程中记录不全	20	
	任务实施结果	在规定的时间内完成任务,较好总结ERP沙盘模拟过程中的经验,并进行分析	在规定的时间内完成任务,能总结ERP沙盘模拟过程中的经验,并进行分析	在规定的时间内完成任务,可以总结ERP沙盘模拟过程中的经验,并进行分析	40	
	实训报告	能完整地总结任务的开始、过程、结果,认真总结分析完成情况	能较完整地总结任务的开始、过程、结果,分析完成情况	能总结任务的过程、结果和完成情况	20	
课程思政	纪律	不迟到,不早退,中途不离开任务实施现场	不迟到,不早退,中途离开任务实施现场的次数不超过一次	有迟到或早退现象,中途离开任务实施现场的次数不超过两次	5	
	实训环境整理	严格按照实训场所规范操作,操作完成后主动做好现场清理工作,态度认真	能够按照实训场所规范操作,操作完成后做好现场清理工作,态度认真	基本按照实训场所规范操作,操作完成后做好现场清理工作	5	
	团队协作	配合很好,积极主动完成分工职责,认真完成任务	配合较好,能够按照组长的安排完成任务	能够与同学配合完成任务	5	
	语言能力	积极参与沟通,回答问题,条理清晰,声音洪亮	主动参与沟通,回答问题,条理较清楚,声音较大	能够参与沟通,回答问题,声音清晰	5	
任务评价总体成绩：_____						
				评价教师签字：_____ 日　　期：_____		

任务 2 ERP 沙盘经营案例分析

学习目标

1.了解企业战略和关键成功因素。

2.学会进行产品、生产线等因素的分析。

3.掌握模拟企业运营的技巧,并能够创新和提升。

【案例导入】

传音的"传奇"

深圳传音控股股份有限公司(以下简称"传音控股"或"传音")致力于成为新兴市场消费者最喜爱的智能终端产品和移动互联服务提供商。自公司成立以来,传音一直着力为用户提供优质的以手机为核心的多品牌智能终端,并基于自主研发的智能终端操作系统和流量入口,为用户提供移动互联网服务。传音旗下拥有新兴市场知名手机品牌 TECNO、itel 及 Infinix,还包括数码配件品牌 oraimo、家用电器品牌 Synix 以及售后服务品牌 Carlcare。传音控股 2019 年于上海证券交易所科创板上市,现已被纳入 MSCI 中国 A 股指数、MSCI 中国 A 股在岸指数、MSCI 中国全流通指数、中证科创创业 50 指数及上证科创板 50 成分指数等。2021 年,传音荣获"中国民营企业 500 强""中国制造业民营企业 500 强"《财富》中国 500 强""全国制造业单项冠军""科创板价值 50 强""广东省制造业 500 强"等殊荣。

经过多年发展,传音已成为全球新兴市场手机行业的中坚力量。2021 年,传音手机整体出货量约 1.97 亿部。公司持续深耕非洲、南亚等新兴市场,在非洲市场稳健增长,非洲第一的领先优势进一步扩大,同时南亚市场保持良好的经营态势。据 IDC 全球季度手机市场跟踪报告,2021 年,传音在全球手机市场的占有率为 12.4%,排名第三;其中智能机在全球市场的占有率为 6.1%,排名第六。2021 年,传音在非洲、巴基斯坦智能机出货量排名第一,孟加拉国智能机出货量排名第二,印度智能机出货量排名第六。

在 African Business 发布的"2021 年度最受非洲消费者喜爱的品牌"百强榜中,传音旗下三大手机品牌 TECNO、itel 及 Infinix 分别位列第 6、21 及 25 名;在百强榜中,TECNO 连续多年位居入选的中国品牌之首,itel 位居中国品牌第二名。

传音将技术创新作为公司核心战略之一,分别在中国上海、深圳和重庆建立了自主研发中心。至 2021 年末,传音拥有研发人员 2 845 人。传音通过持续加码研发投入,推进体系化建设和产品力提升,扩大在新兴市场本地化科技创新方面的竞争优势,提升用户价值与体验。结合行业技术发展趋势及在新兴市场积累的本地洞察,传音在人工智能语音识别和视觉感知、深肤色拍照算法、智能充电和超级省电、云端系统软件、智能数据引擎、5G 通信、硬件新材料应用创新、OS系统等领域,开展了大量符合当地用户使用习惯的科技创新研究。

近年来,传音在影像研发领域持续取得突破性进展,先后荣获CVPR2020LIP国际竞赛深肤色人像分割赛道冠军、吴文俊人工智能科技进步奖(企业技术创新工程项目)等奖项;主导多项移动终端计算摄影系统国际标准获ITU-T正式立项。

传音旗下手机品牌均搭载了基于Android系统平台二次开发、深度定制的智能终端操作系统(OS),包括HiOS、itelOS和XOS(以下统称"传音OS")。目前,传音OS已成为非洲等全球主要新兴市场的主流操作系统之一。围绕传音OS,传音开发了应用商店、广告分发平台以及手机管家等诸多的工具类应用程序。2022年3月,AppsFlyer发布的《广告平台综合表现报告第十四版》显示,传音移动互联的表现位居全球增长指数榜单第2位。

同时,传音与网易、腾讯等多家国内领先的互联网公司,在多领域进行出海战略合作,积极开发和孵化移动互联网产品。截至2021年末,已有多款自主与合作开发的应用程序月活跃用户数达1000万以上,包括非洲音乐流媒体平台Boomplay、新闻聚合应用Scooper、综合内容分发应用Phoenix等。

除手机业务和移动互联网业务外,传音扩品类业务持续提升产品力,积极探索新的合作和商业模式。基于在新兴市场积累的领先优势,传音深化多元化战略布局,创立了数码配件品牌oraimo和家用电器品牌Syinix。在大力发展线下业务的同时,积极拓展线上渠道。同时,三大手机品牌TECNO、itel和Infinix也开始大力拓展扩品类业务,推出了手机基础配件、智能穿戴、TWS耳机、笔记本电脑、电视等产品,多品牌策略进入良性发展。

传音在全球设立多个生产制造中心,包括中国、埃塞俄比亚、印度、孟加拉国等。其售后服务品牌Carlcare在全球拥有超过2 000个售后服务网点(含第三方合作网点),是新兴市场主要的电子类及家电类产品服务方案解决商之一。

目前,传音全球销售网络已覆盖超过70个国家和地区,包括尼日利亚、肯尼亚、坦桑尼亚、埃塞俄比亚、埃及、印度、巴基斯坦、孟加拉国、印度尼西亚、菲律宾、哥伦比亚等。

该公司承诺遵守国家劳工、健康与安全、环境、道德规范及其他社会责任的法律法规,遵守国际公认的相关标准以及其他适用的行业标准和国际公约。公司根据行业标准制定符合劳工条件、健康与安全、环境安全、道德规范的公司政策、生产工序和工作环境,持续改善工作条件和员工福利。公司在劳动政策、健康与安全、环境保护、道德规范四个方面做出以下承诺,并要求公司所有部门严格执行,积极地担负起社会责任。

【相关知识】

4.2.1　市场预测分析

根据市场预测图(图4-1),首先进行总体市场产品分析,从成本角度出发P1产品成本最低,前期需求量大,但随着时间的推移,后期的利润及数量会逐步下降,可以作为补充销售使用。P2产品从需求量和价格看是五种产品中最为稳定的,前期需求量增长迅速,价格较为稳定,本产品可作为辅助产品进行生产出售。P3产品需求量平稳增长,速度较快,同时利润空间大,投入适中,因而可作为主产品。P4、P5产品成本高,前期投入大,且需求量低,所以不适于前期进行销售,但可作为企业中期投入的高端产品。

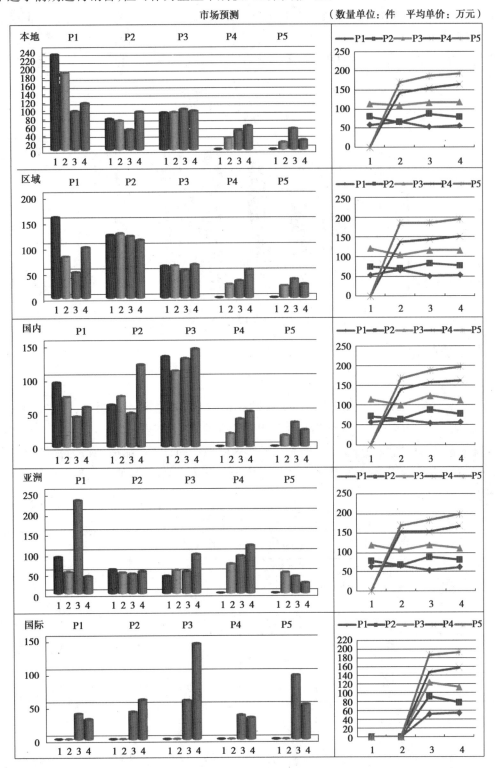

图 4-1　市场预测分析

图4-2是产品毛利分析表,用产品售价-产品成本可以得出各产品的毛利情况,一般产品P1、P2会被定位至低端产品,P3为中端产品,P4、P5为高端产品。根据企业模拟经营规律,在产品中一般选择二低一高组合、一低一高组合、二低一中组合、单高、单中。本案例中的方案选择了低中端产品中的利润最大的P3产品。(成本按三种生产线生产产品的成本平均值计算。)

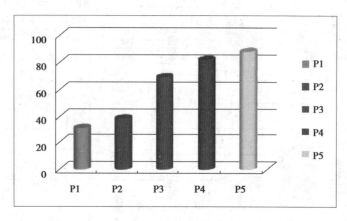

图4-2　产品毛利分析表

4.2.2　规则分析

1)选产品

根据表4-2产品研发规则,选择与企业发展思路相同的优势产品组合,此方案中,企业选择了产品研发费用和产品成本相对处于中间位置的P2、P3两种产品。

通过上述的市场预测分析,P2产品适于作为辅助产品,P3产品适于作为主打产品。同时,如果第一年企业发展良好,则年末可以考虑选择研发P4、P5两种产品为企业第二年、第三年快速发展做准备。

表4-2　产品研发规则

序号	产品标识	投资期	每期投资额/万元	每期天数/天
1	P1	1	20	30
2	P2	2	20	30
3	P3	3	20	30
4	P4	4	20	60
5	P5	5	20	60

2）选生产线

表 4-3　生产线参数分析表

序号	生产线标识	安装每期投资/万元	安装期数	每期安装天数	生产期数	每期生产天数	残值/万元	技改期数	每期技改天数	每期技改费用/万元	技改提升比例
1	手工线	50	0	0	2	75	5	1	20	10	0.20
2	自动线	50	3	30	1	75	15	1	20	20	0.20
3	柔性线	50	4	45	1	60	20	1	10	30	0.20

转产期数	每期转产天数	每期转产费用/万元	提取折旧天数	维修费/万元	操作工人总数	必有初级以上人数	必有中级以上人数	必有高级以上人数	技改次数上限	折旧年限
0	0	0	360	5	3	3			2	6
2	15	20	360	15	2		1		1	6
0	0	0	360	20	2			1	1	6

从表 4-3 可以看到，手工线购置价格低但生产周期长，不利于企业前期快速发展。自动线与柔性线生产速度快，而且两种生产线相比，自动线价格相对较低，因为企业创办初期投入较大，资金压力较大，因而选择在第一年购置价格较低但生产速度相对较快的自动线开局，第二年再选择增加柔性线的投入。

其中：

①毛利＝预计单价−单位成本

②利息为生产线投入资金的机会成本，假设按年利率 5% 计算

③回收期＝安装时间＋生产线投入资金/（毛利−维修费−利息）

表 4-4　生产线的投资回收期

生产线投资回收期计算表									
生产线	产品	投入资金/万元	安装时间/年	年产能	预计单价/万元	单位成本/万元	毛利/万元	维修费/万元	利息/万元	回收期/年
手工线	P1	50	0	2	53	24	58	5	2.5	0.99
自动线	P1	150	0.25	4	53	21	128	15	7.5	1.67
柔性线	P1	200	0.5	6	53	22	186	20	10	1.78

续表

生产线投资回收期计算表										
生产线	产品	投入资金/万元	安装时间/年	年产能	预计单价/万元	单位成本/万元	毛利/万元	维修费/万元	利息/万元	回收期/年
手工线	P2	50	0	2	72	36	72	5	2.5	0.78
自动线	P2	150	0.25	4	72	33	156	15	7.5	1.37
柔性线	P2	200	0.5	6	72	34	228	20	10	1.51
手工线	P3	50	0	2	115	48	134	5	2.5	0.40
自动线	P3	150	0.25	4	115	45	280	15	7.5	0.83
柔性线	P3	200	0.5	6	115	46	414	20	10	1.02
手工线	P4	50	0	2	140	60	160	5	2.5	0.33
自动线	P4	150	0.25	4	140	57	332	15	7.5	0.73
柔性线	P4	200	0.5	6	140	58	492	20	10	0.93
手工线	P5	50	0	2	170	84	172	5	2.5	0.30
自动线	P5	150	0.25	4	170	81	356	15	7.5	0.70
柔性线	P5	200	0.5	6	170	82	528	20	10	0.90

从表4-4可以看出,所有类型生产线生产P1、P2产品的回收期都很长,所有产品选择柔性线进行生产的回收期也很长。综合上述数据可以看出,在企业创办初期,用自动线生产利润空间大、需求量大的P3产品,那么投资回收期较短,能够满足企业前期快速回笼资金的要求,为企业第二、三年发展奠定基础。本案例中企业在第一年年末研发P4、P5产品,并预计在第二年年初为新研发的产品建立柔性线,虽然柔性线的投资回收期要比自动线长,但是考虑P4、P5产品竞争压力大,用柔性线可以随时转产,避免库存。

4.2.3　案例分析:案例描述

本案例采用生产较为固定的自动线开局,计划第一年年初开拓全部市场及ISO认证、研发P3产品并新建生产线用于生产P3产品,购买2个厂房,新建8条自动线,后续年份进一步研发剩余产品,新建生产线用来增加生产力。

1）开局优势

本案例采用自动线开局，自动线生产固定，优点是可在订单选取时，根据固定的产能来快速选取订单，并合理安排本企业第一年的生产计划。同时新建自动线时投资少、安装周期较短，还可降低产品成本。厂房选择购买也可以大大减少企业后期续租厂房的支出，还可保第一年的权益以便后续贷款经营。

2）案例关键点明细

（1）第一年

①表 4-5 是第一年关键节点数据。根据表 4-6 可以了解并直观地看出本方案中资金需求及现金流量的主要组成。年初进行订单选取，选取订单时只能选取 P3 产品，故需多投促销广告。本年共需接到 32 个 P3 产品订单，年初于国内市场投入 300 万元的广告费用，并开拓全部市场及研发 ISO9000、ISO14000。

②第一年根据方案规划购买 A、B 两个厂房，并建立 8 条自动生产线，同时进行 P3 产品的研发。

③年中研发 P3 产品及生产线建立完成后，开始生产 P3 产品，并在生产 P3 产品的同时研发 P4、P5 产品，四轮生产完毕，可按期交 32 个 P3 产品订单。

表 4-5　第一年关键节点数据合计

单位：万元

第一年			
初始资金	700	买租厂房	−500
市场 ISO	−60	转产/技改	160
广告费	905	建生产线	−1 200
所得税	195.8	原材料	1 440
产品研发	−80	开始生产	360
贴现	443	应收账款	944
贴现费用	−44	违约金	
长贷还款		紧急采购	
长贷利息		管理费用	−60
申请长贷	300	维护费	
短贷还款		计提折旧	
申请短贷	1 800	期末余额	775

表 4-6　第一年综合费用表、利润表、资产负债表

单位:万元

综合费用表			利润表	
项目	**金额**		**项目**	**金额**
管理费	0		销售收入	3 728
广告费	905		直接成本	1 440
设备维护费	0		毛利	2 288
转产/技改费	160		综合管理费用	1 265
租金	0		折旧前利润	1 023
市场准入开拓	20		折旧	0
产品研发	80		支付利息前利润	1 023
ISO 认证资格	40		财务费用	44
信息费			营业外收支	
损失			税前利润	979
工资及福利			所得税	195.8
费用合计	1 265		净利润	783.2

资产负债表					
资产	**期初数**	**期末数**	**负债和权益**	**期初数**	**期末数**
流动资产			负债		
现金	700	775	长期负债		300
应收款		944	短期负债		1 800
在制品		360	应付款		0
产成品		0	应交税金		195.8
原材料		0	负债合计		2 295.8
流动资产合计		2 079		0	
固定资产			所有者权益		
土地和建筑		500	股东资本		700
机器与设备		1 200	利润留存		0
在建工程		0	年度净利		783.2
固定资产合计		1 700	所有者权益合计	0	1 483.2
资产总计	0	3 779	负债和权益合计	0	3 779

④年底在选中的市场投放 500 条战略广告,在年末填写岗位报表,第一年经营结束。同时要安排第二年的经营,预计可在第二年初新建 8 条柔性线用于生产 P4、P5 产品。

从图 4-3 可以看出第一年销售 P3 产品收入的成本费用的占比情况,可以发现目前材料成本和广告费占据投入的大部分。

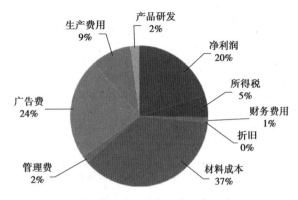

图 4-3　第一年 P3 产品收入费用占比

（2）第二年

①第二年初，选取订单时除了选取 P3 产品的订单外，还应选取柔性线所生产出的 P4、P5 产品的订单。

②第二年选择新建较为灵活的柔性线，产品生产灵活方便，在订单选取时根据产品订单的分布安排企业的生产计划。因为生产线的灵活转产力，所以可以降低企业留库存的风险。

③第二年年初进行订单选取，选取订单时重点产品给 P3，接后期 P4、P5 产品的订单。本年共接到 40 个 P3 产品订单、8 个 P4 产品订单，并开拓未开拓完成的市场及研发 ISO14000。

④第二年根据方案规划购买 C、D 两个厂房，并建立 8 条柔性生产线，进行 P4、P5 产品的后期研发。

⑤年中研发 P4、P5 产品及生产线建设完成后，开始生产 P4、P5 产品。经过六轮生产完毕，可以交 40 个 P3 产品订单和 8 个 P4 产品订单，库存 8 个 P3 产品，在制 8 个 P3 产品、8 个 P5 产品，并在年底在选中的市场投放 600 条战略广告，制订下年经营方案。

⑥生产线满线后，除了固定的自动线只生产 P3 产品以外，柔性线产品生产灵活，可在订单选取时根据产品订单的分布安排本企业本年的生产。

表 4-7　第二年关键节点数据合计

单位：万元

第二年			
初始资金	775	买租厂房	1 000
市场 ISO	20	转产/技改	120
广告费	1 005	建生产线	1 600
所得税	463.8	原材料	3 264
产品研发	160	开始生产	752
贴现		应收账款	1 224
贴现费用		违约金	
长贷还款		紧急采购	
长贷利息	30	管理费用	60
申请长贷		维护费	120
短贷还款	1 890	计提折旧	180
申请短贷	3 900	期末余额	1 974.2

从表4-7可以了解并直观地看出第二年本案例加大了企业生产线的投入,通过增加广告提升企业市场地位。

表4-8　第二年综合费用表、利润表、资产负债表

单位:万元

综合费用表		利润表	
项目	金额	项目	金额
管理费	60	销售收入	7 416
广告费	1 005	直接成本	3 192
设备维护费	120	毛利	4 224
转产/技改费	240	综合管理费用	1 605
租金	0	折旧前利润	2 619
市场准入开拓	20	折旧	180
产品研发	160	支付利息前利润	2 439
ISO认证资格	0	财务费用	120
信息费		营业外收支	
损失		税前利润	2 319
工资及福利		所得税	463.8
费用合计	1 605	净利润	1 855.2

资产负债表					
资产	期初数	期末数	负债和权益	期初数	期末数
流动资产			负债		
现金	775	1 974.2	长期负债	300	300
应收款	944	1 224	短期负债	1 800	3 900
在制品	360	824	应付款	0	0
产成品	0	360	应交税金	195.8	463.8
原材料	0	0	负债合计	2 295.8	4 663.8
流动资产合计	2 079	4 382.2			
固定资产			所有者权益		
土地和建筑	500	1 000	股东资本	700	700
机器与设备	1 200	2 620	利润留存	0	783.2
在建工程	0	0	年度净利	783.2	1 855.2
固定资产合计	1 700	3 620	所有者权益合计	1 483.2	3 338.4
资产总计	3 779	8 002.2	负债和权益合计	3 779	8 002.2

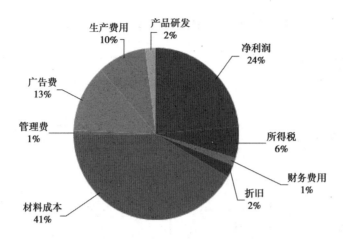

图 4-4 第二年收入成本费用占比

(3) 第三年

第三年年初进行订单选取,选取订单时只接 8 条自动线产出的 P3 产品,柔性线在 P4、P5 产品中选择价格高涨期好的订单,本年共接到 56 个 P3 产品、36 个 P4 产品、28 个 P5 产品。第三年开始生产线满线 8 条自动线、8 条柔性线,且现金多,贷款多,现金流不紧张。接单时尽可能选取价格高涨期好的订单。第三年年末为了巩固国际市场的知名度排名,在国际市场投入 2 000 万元战略广告,并填写报表安排下一年经营。

表 4-9 第三年关键节点数据合计

单位:万元

第三年			
初始资金	1 974.2	买租厂房	1 000
市场 ISO		转产/技改	
广告费	2 000	建生产线	
所得税	1 125.2	原材料	5 568
产品研发		开始生产	1 072
贴现		应收账款	4 200
贴现费用		违约金	
长贷还款	300	紧急采购	
长贷利息	30	管理费用	60
申请长贷		维护费	280
短贷还款	4 095	计提折旧	420
申请短贷	5 820	期末余额	5 007.4

如表 4-9 所示,由广告费、原材料两项数据得出结论,第三年为企业快速成长期,通过继续加大市场广告的投入及增加企业生产力的方法使企业在第三年销售额及利润快速增长。

表 4-10　第三年综合费用表、利润表、资产负债表

单位:万元

综合费用表	
项目	金额
管理费	0
广告费	2 000
设备维护费	280
转产/技改费	0
租金	0
市场准入开拓	0
产品研发	0
ISO 认证资格	0
信息费	
损失	
工资及福利	
费用合计	2 340

利润表	
项目	金额
销售收入	13 835
直接成本	5 224
毛利	8 611
综合管理费用	2 340
折旧前利润	6 271
折旧	420
支付利息前利润	5 851
财务费用	225
营业外收支	
税前利润	5 626
所得税	1 125.2
净利润	4 500.8

资产负债表					
资产	期初数	期末数	负债和权益	期初数	期末数
流动资产			负债		
现金	1 974.2	5 007.4	长期负债	300	0
应收款	1 224	3 977	短期负债	3 900	5 820
在制品	824	824	应付款	0	0
产成品	360	1 776	应交税金	463.8	1 125.2
原材料	0	0	负债合计	4 663.8	6 945.2
流动资产合计	4 382.2	11 584.4			
固定资产			所有者权益		
土地和建筑	1 000	1 000	股东资本	700	700
机器与设备	2 620	2 200	利润留存	783.2	2 638.4
在建工程	0	0	年度净利	1 855.2	4 500.8
固定资产合计	3 620	3 200	所有者权益合计	3 338.4	7 839.2
资产总计	8 002.2	14 784.4	负债和权益合计	8 002.2	14 784.4

如图 4-5 所示,本案例中在第三年主要产品销售毛利来源于 P3 产品,符合本案例选择 P3 产品的目的。经过第二年研发新产品,P4、P5 两种产品也为本年提供了约一半的销售毛利。

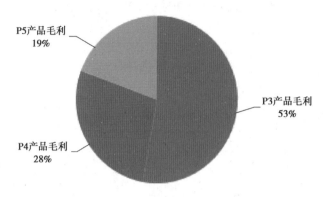

图 4-5　产品销售毛利占比

（4）第四年

第四年年初进行订单选取，国际市场知名度排名取得第一名，选取订单时只接 8 条自动线产出的 P3 产品，但因为国际市场最晚交货的 P3 产品为 11 月，实际产出有 12 月的 P3 产品，库存 8 个 P3 产品，第四年的 P5 产品为利润最高的产品，所以将市场所有的 28 个 P5 产品全部选取，其余用 P4 产品补充，本年共接到 40 个 P3 产品、28 个 P4 产品、28 个 P5 产品。

表 4-11　第四年关键数据合计

单位：万元

第四年			
初始资金	5 007.4	买租厂房	1 000
市 ISO		转产/技改	
广告费		建生产线	
所得税	1 756.8	原材料	3 936
产品研发		开始生产	840
贴现		应收账款	4 173
贴现费用		违约金	
长贷还款		紧急采购	
长贷利息		管理费用	60
申请长贷		维护费	280
短贷还款	6 111	计提折旧	420
申请短贷	5 820	期末余额	14 306.2

如表 4-11 所示，第四年企业投入最大的是购买原料，其余基础投入都已在前三年完成，第四年企业处在稳步发展、快速投资回收期。

表4-12　第四年综合费用表、利润表、资产负债表

单位:万元

综合费用表		利润表	
项目	金额	项目	金额
管理费	60	销售收入	16 027
广告费	0	直接成本	6 192
设备维护费	280	毛利	9 835
转产/技改费	0	综合管理费用	340
租金	0	折旧前利润	9 495
市场准入开拓	0	折旧	420
产品研发	0	支付利息前利润	9 075
ISO认证资格	0	财务费用	291
信息费		营业外收支	
损失		税前利润	8 784
工资及福利		所得税	1 756.8
费用合计	340	净利润	7 027.2

资产负债表					
资产	期初数	期末数	负债和权益	期初数	期末数
流动资产			负债		
现金	5 007.4	14 306.2	长期负债	0	0
应收款	3 977	4 173	短期负债	5 820	5 820
在制品	824	0	应付款	0	0
产成品	1 776	1 184	应交税金	1 125.2	1 756.8
原材料	0	0	负债合计	6 945.2	7 576.8
流动资产合计	11 584.4	19 663.2			
固定资产			所有者权益		
土地和建筑	1 000	1 000	股东资本	700	700
机器与设备	2 200	1 780	利润留存	2 638.4	7 139.2
在建工程	0	0	年度净利	4 500.8	7 027.2
固定资产合计	3 200	2 780	所有者权益合计	7 839.2	14 866.4
资产总计	14 784.4	22 443.2	负债和权益合计	14 784.4	22 443.2

从表4-12可以看出,本年企业销售能力到达顶峰。

如图4-6所示,P4、P5两种产品经过第二年的研发,第三年的前期投资回收,第四年的产品毛利占比情况较之前有了很大一部分提升,第四年P4产品的销售明显是本年的重点,P5产品毛利占比也比第三年提升了8个百分点,P3产品的销售毛利情况继续平稳,但可以看出企业发展重点已由P3产品转移到P4、P5两种产品中。

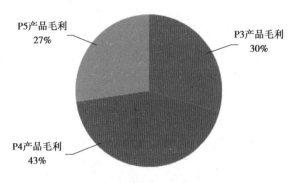

图 4-6　产品销售毛利占比

4.2.4　案例分析总结

在分析本次比赛的规则、预测后发现,P3 产品前期利润最高,后期 P5 产品利润最高,柔性线安装周期较长,第一年不适合用柔性线开局。国内市场 P3 产品需求量较大,利润较高,自动线安装周期较短,投资花费较少,本规则适合 8 条自动线开局。年初选取市场合适,第一年经营较好,没有库存,为后几年的经营做了一个好的铺垫。在投放广告时尽量于一个市场投放,巩固一个市场的知名度排名,争取一个市场的第一名选单,后期增加柔性线逐渐增加 P4、P5 产品的产能。故由此分析,做好市场预测分析和第一年经营尤为重要。

【任务评价】

表 4-13　"ERP 沙盘经营案例分析"任务评价表

任务编号	4-2	任务名称	ERP 沙盘经营案例分析	课程名称	ERP 沙盘模拟运营实训	
技能点与思政元素		评价指标			评价权重/%	评价得分/百分制
		A	B	C		
专业技能	任务计划制订	任务计划合理,准备充分,实施过程中有详细的记录	任务计划合理,准备较充分,实施过程中有记录	任务计划较合理,准备较充分,实施过程中记录不全	20	
	任务实施结果	在规定的时间内完成任务,较好地完成经营案例的分析,并从中总结经营管理和创新创业知识	在规定的时间内完成任务,能够完成经营案例的分析,并从中总结经营管理和创新创业知识	在规定的时间内完成任务,可以完成经营案例的分析,并从中总结经营管理和创新创业知识	40	
	实训报告	能完整地总结任务的开始、过程、结果,认真总结分析完成情况	能较完整地总结任务的开始、过程、结果,分析完成情况	能总结任务的过程、结果和完成情况	20	

续表

技能点与 思政元素		评价指标			评价权重 /%	评价得分 /百分制
		A	B	C		
课 程 思 政	纪律	不迟到,不早退,中途不离开任务实施现场	不迟到,不早退,中途离开任务实施现场的次数不超过一次	有迟到或早退现象,中途离开任务实施现场的次数不超过两次	5	
	实训 环境 整理	严格按照实训场所规范操作,操作完成后主动做好现场清理工作,态度认真	能够按照实训场所规范操作,操作完成后做好现场清理工作,态度认真	基本按照实训场所规范操作,操作完成后做好现场清理工作	5	
	团队 协作	配合很好,积极主动完成分工职责,认真完成任务	配合较好,能够按照组长的安排完成任务	能够与同学配合完成任务	5	
	语言 能力	积极参与沟通,回答问题,条理清晰,声音洪亮	主动参与沟通,回答问题,条理较清楚,声音较大	能够参与沟通,回答问题,声音清晰	5	

任务评价总体成绩:＿＿＿＿＿＿＿＿＿

评价教师签字:＿＿＿＿＿＿＿＿＿

日　　　期:＿＿＿＿＿＿＿＿＿

项目 5 附 录

附录 A 财务报表和经营报表

1)全流程附表

（1）1 月生产准备

①1 月操作总览如表 5-1 所示。在进行 1 月份操作时,可以参照表 5-1 的环节进行表内数据的填写。

表 5-1 1 月生产准备操作一览表

岗位	时间	执行动作	任务描述	资金变动/万元
总经理	1 月 1 日	资质开发	开发 P2 资质	−10
总经理	1 月 1 日	购买厂房	购买 B 厂房	−200
生产	1 月 1 日	建立生产线	在 2001 生产线建立 P2 自动线	−50
总经理	1 月 1 日	跳转时间	1 月 1 日跳转至 1 月 21 日	
生产	1 月 21 日	推进生产	推进 1001 生产线生产	
生产	1 月 21 日	预配	对 1001 生产线预配	
生产	1 月 21 日	全线开产	对 1001 生产线开产	−12
销售	1 月 21 日	产品销售	销售产品	
总经理	1 月 21 日	跳转时间	1 月 21 日跳转至 1 月 30 日	
财务	1 月 30 日	应收款	获取应收款项	+10
财务	1 月 30 日	缴纳管理费	缴纳管理费	−5
总经理	1 月 30 日	跳转时间	本月结束跳转至 2 月	

②样表(表5-2)。

表5-2　1月生产准备操作样表

岗位	时间	执行动作	任务描述	资金变动/万元

(2)2月贷款

①2月操作总览。

2月操作总览如表5-3所示。在进行2月份操作时,可以参照表5-3进行表内数据的填写。

表5-3　2月贷款操作一览表

岗位	时间	执行动作	任务描述	资金变动/万元
财务	2月1日	贷款	贷款	+500
生产	2月21日	推进生产	推进1003生产线生产	
生产	2月30日	推进生产	推进1002生产线生产	
财务	均可	缴纳管理费	缴纳管理费	-5

②样表(表 5-4)。

表 5-4　3 月贷款操作样表

岗位	时间	执行动作	任务描述	资金变动/万元

(3)3 月采购

①3 月操作总览如表 3-5 所示。在进行 3 月份操作时,可以参照表 5-3 进行表内数据的填写,同时注意在进行 3 月份操作时,总经理可以进行日期跳转。对于总经理跳转日期、申请资金等基本操作,不在此处列举。

表 5-5　3 月采购操作一览表

岗位	时间	执行动作	任务描述	资金变动/万元
总经理	3 月 1 日	开发资质	开发 P2 资质	−10
生产	3 月 1 日	继续建线	继续投资 2001 生产线建设	−50
采购	3 月 1 日	采购	R1 原料订单 3 件	
财务	3 月 11 日	收款	收款 50 万	+50
财务	均可	缴纳管理费	缴纳管理费	−5

②样表(表 5-6)。

表 5-6　3 月采购操作样表

岗位	时间	执行动作	任务描述	资金变动/万元

（4）4月原料收取

①4月操作总览如表5-7所示。在进行4月份操作时,可以参照表5-7进行表内数据的填写。

表5-7　4月原料收取操作一览表

岗位	时间	执行动作	任务描述	资金变动/万元
生产	4月21日	全线推进	推进1001生产线生产	
采购	4月21日	原料入库	申请资金并收货3件R1	-30
财务	均可	缴纳管理费	缴纳管理费	-5

②样表(表5-8)。

表5-8　4月原料收取操作样表

岗位	时间	执行动作	任务描述	资金变动/万元

（5）5月技改

①5月操作总览如表5-9所示。在进行5月份操作时,可以参照表5-9进行表内数据的填写。总经理可以进行日期跳转,对于总经理跳转日期、申请资金等基本操作,不在此处列举。

表5-9　5月技改操作一览表

岗位	时间	执行动作	任务描述	资金变动/万元
总经理	5月1日	开发资质	开发P2资质	-10
生产	5月1日	继续建线	继续投资2001生产线建设	-50
采购	5月1日	原料采购	采购R1及R2各2个	
生产	5月21日	全线推进	推进1003产品下线	
生产	5月21日	技改	1003技改	-30
生产	5月30日	全线推进	推进1002产品下线	
生产	5月30日	技改	1002技改	-30
财务	均可	缴纳管理费	缴纳管理费	-5

②样表(表 5-10)。

表 5-10　5 月技改操作样表

岗位	时间	执行动作	任务描述	资金变动/万元

(6)6 月零售

①6 月操作总览如表 5-11 所示。在进行 6 月份操作时,可以参照表 5-11 进行表内数据的填写。总经理可以进行日期跳转,对于总经理跳转日期、申请资金等基本操作,不在此处列举。

表 5-11　6 月零售操作一览表

岗位	时间	执行动作	任务描述	资金变动/万元
生产	6 月 11 日	全线推进	1003 技改完成	
生产	6 月 11 日	开产	1003 开产	-12
生产	6 月 20 日	全线推进	1002 技改完成	
生产	6 月 20 日	开产	1002 开产	-12
采购	6 月 20 日	原料零售	原料零售出售 1 个 R1	+5
采购	6 月 21 日	原料入库	R1 及 R2 各 2 个	-40
财务	均可	缴纳管理费	缴纳管理费	-5

②样表(表5-12)。

表5-12　6月零售操作样表

岗位	时间	执行动作	任务描述	资金变动/万元

(7)7月转产

①7月操作总览如表5-13所示。在进行7月份操作时,可以参照表5-13进行表内数据的填写。总经理可以进行日期跳转,对于总经理跳转日期、申请资金等基本操作,不在此处列举。

表5-13　7月转产操作一览表

岗位	时间	执行动作	任务描述	资金变动/万元
生产	7月1日	全线推进	2001自动线建线完成	
生产	7月1日	开产	2001开产	-9
采购	7月1日	原料采购	R1及R2各1件	
生产	7月21日	全线推进	1001产品下线	
生产	7月21日	转产	1001转产P2产品	
生产	7月21日	开产	1001开产	-12
财务	均可	缴纳管理费	缴纳管理费	-5

②样表(表5-14)。

表 5-14　7 月转产操作样表

岗位	时间	执行动作	任务描述	资金变动/万元

(8)8 月战略广告

①8 月操作总览如表5-15 所示。在进行 8 月份操作时,可以参照表5-15 进行表内数据的填写。总经理可以进行日期跳转,对于总经理跳转日期、申请资金等基本操作,不在此处列举。

表 5-15　8 月战略广告操作一览表

岗位	时间	执行动作	任务描述	资金变动/万元
总经理	8 月 1 日	战略广告	投放战略广告	-10
生产	8 月 19 日	全线推进	1002 推进	
采购	8 月 21 日	原料入库	收入 R1 及 R2 各 1 件	-20
生产	8 月 28 日	全线推进	1003 推进	
财务	均可	缴纳管理费	缴纳管理费	-5

②样表(表5-16)。

表 5-16　8 月战略广告操作样表

岗位	时间	执行动作	任务描述	资金变动/万元

(9)9月持续经营

①9月操作总览如表5-17所示,此月份已经进入持续经营环节。在进行9月份操作时,可以参照表5-17进行表内数据的填写。

表5-17　9月持续经营操作一览表

岗位	时间	执行动作	任务描述	资金变动/万元
采购	9月1日	原料订货	R1、R2各3个	
财务	均可	缴纳管理费	缴纳管理费	−5
财务	均可	缴纳维修费	缴纳维修费	−5
岗位	时间	执行动作	任务描述	资金变动
采购	9月1日	原料订货	R1、R2各3个	
财务	均可	缴纳管理费	缴纳管理费	−5
财务	均可	缴纳维修费	缴纳维修费	−5

②样表(表5-18)。

表5-18　9月持续经营操作样表

岗位	时间	执行动作	任务描述	资金变动/万元

(10)10月持续经营

①10月操作总览如表5-19所示,此月份已经进入持续经营环节。在进行10月份操作时,可以参照表5-19进行表内数据的填写。对于总经理跳转日期、申请资金等基本操作,不在此处列举。

表 5-19 10 月持续经营操作一览表

岗位	时间	执行动作	任务描述	资金变动/万元
生产	10 月 1 日	全线推进	2001 产品下线	
岗位	时间	执行动作	任务描述	资金变动
生产	10 月 1 日	开产	2001 开产	−9
采购	10 月 21 日	原料收货	R1、R2 各 3 个	−60
生产	10 月 21 日	全线推进	1001 产品推进	
生产	10 月 27 日	全线推进	1003 产品下线	
生产	10 月 27 日	转产	1003 转产 P2	
生产	10 月 27 日	开产	1003 开产	−12
财务	均可	缴纳管理费	缴纳管理费	−5

②样表(表 5-20)。

表 5-20 10 月持续经营操作样表

岗位	时间	执行动作	任务描述	资金变动/万元

(11)11 月持续经营

①11 月操作总览如表 5-21 所示,此月份已经进入持续经营环节。在进行 11 月份操作时,可以参照表 5-21 进行表内数据的填写。对于总经理跳转日期、申请资金等基本操作,不在此处列举。

表 5-21   11 月持续经营操作一览表

岗位	时间	执行动作	任务描述	资金变动/万元
采购	11 月 1 日	原料订货	R1、R2 各 3 个	
生产	11 月 6 日	全线推进	1002 产品下线	
生产	11 月 6 日	转产	1002 转产 P1→P2	
生产	11 月 6 日	开产	1002 开产	-12
财务	均可	缴纳管理费	缴纳管理费	-5
财务	均可	缴纳维修费	缴纳维修费	-5
财务	均可	缴纳利息	缴纳利息	-20

②样表(表 5-22)。

表 5-22   11 月持续经营操作样表

岗位	时间	执行动作	任务描述	资金变动/万元

(12)12 月持续经营

①12 月操作总览如表 5-23 所示,此月份已经进入持续经营环节。在进行 12 月份操作时,可以参照表 5-23 进行表内数据的填写。对于总经理跳转日期、申请资金等基本操作,不在此处列举。

表 5-23   12 月持续经营操作一览表

岗位	时间	执行动作	任务描述	资金变动/万元
采购	12 月 21 日	原料收获	R1、R2 各 3 个	-60
财务	均可	缴纳管理费	缴纳管理费	-5

②样表(表5-24)。

表 5-24　12 月持续经营操作样表

岗位	时间	执行动作	任务描述	资金变动/万元

2)分岗位附表

(1)总经理岗位

①总经理岗位相关数据填写可以参照表5-25。

表 5-25　总经理岗位数据填报说明表

项目	【金额】项填报说明	更新【目标表】的表项说明
广告费	当年战略和促销广告总额	【费用表】广告费(第2项)
租金	当年支付的厂房租金	【费用表】租金(第5项)
市场准入投资	当年市场资质投资总额	【费用表】市场准入投资(第6项)
产品研发	当年产品研发投资总额	【费用表】产品研发(第7项)
ISO 资格投资	当年 ISO 资质投资总额	【费用表】ISO 资格投资(第8项)
信息费	当年购买商业情报费用	【费用表】信息费(第9项)
厂房价值	当前已购买的厂房总价值	【资产负债表】土地建筑(第7项)

②样表(表5-26)。

表 5-26　总经理岗位数据填报样表

项目	【金额】项填报说明	更新【目标表】的表项说明
广告费		
租金		
市场准入投资		
产品研发		
ISO 资格投资		
信息费		
厂房价值		

(2)财务总监岗位

①财务总监岗位相关数据填写可以参照表5-27。

表 5-27　财务总监岗位数据填报说明表

资金项目	金额	目标表表项
管理费		【费用表】管理费(第1项)
设备维修费		【费用表】设备维修费(第2项)
转产及技改		【费用表】转产及技改(第3项)
基本工资	金额为0	【费用表】基本工资(第10项)
培训费	金额为0	【费用表】培训费(第11项)
*财务费用		【利润表】财务费用(+)(第9项)
本年折旧		【利润表】折旧(+)(第5项)
其他支出合计		【利润表】销售(−)(第9项)
现金余额		【资产负债表】现金(第1项)
应收款		【资产负债表】应收款(第2项)
应付款		【资产负债表】应付款(第14项)
长期贷款余额		【资产负债表】长期贷款(第12项)
短期贷款余额		【资产负债表】短期贷款(第13项)
股东资本		【资产负债表】股东资本(第17项)
所得税		【利润表】所得税(第11项)

②样表(表 5-28)。

表 5-28　财务总监岗位数据填报样表

资金项目	金额	目标表表项
管理费		
设备维修费		
转产及技改		
基本工资		
培训费		
*财务费用		
本年折旧		
其他支出合计		

资金项目	金额	目标表表项
现金余额		
应收款		
应付款		
长期贷款余额		
短期贷款余额		
股东资本		
所得税		

（3）生产总监岗位

①生产总监岗位相关数据填写可以参照表 5-29、表 5-30。

表 5-29　生产总监岗位数据填报说明表-1

项目/在制品	P1	P2	P3	P4	P5	合计
数量						
在制品价值						合计并入资产负债表在职品年末数

注：数量和在制品价值根据生产线实际数据进行填写即可，产品【在制品价值】合计后并入"资产负债表"的【在制品】项目的年末数。

表 5-30　生产总监岗位数据填报说明表-2

项目/生产线	手工	自动	柔性	合计
总投资				
累计折旧				
在建已投资额				"资产负债表"的【在建工程】项的"期末数"

注：各生产线的【总投资】合计-【累计折旧】合计（生产线净值）并入"资产负债表"的【机器与设备】项的"期末数"。

各生产线的【在建已投资额】合计数并入"资产负债表"的【在建工程】项的"期末数"。

②样表(表5-31、表5-32)。

表 5-31　生产总监岗位数据填报样表-1

项目/在制品	P1	P2	P3	P4	P5
数量					
在制品价值					

表 5-32　生产总监岗位数据填报样表-2

项目/生产线	手工	自动	柔性
总投资			
累计折旧			
在建已投资额			

(4)采购总监岗位

①采购总监岗位相关数据填写可以参照表5-33。

表 5-33　采购总监岗位数据填报说明表

原料	库存原料数量/件数	库存原料价值/万元	零售(含拍卖)收入/万元	零售(含拍卖)成本/万元	失效和违约价值/万元
R1					
R2					
R3					
R4					

特别提示:所有表中的所有数据均按正数填入。

②生产总监岗位样表(表5-34)。

表 5-34　采购总监岗位数据填报样表

原料	库存原料数量/件数	库存原料价值/万元	零售(含拍卖)收入/万元	零售(含拍卖)成本/万元	失效和违约价值/万元
R1					
R2					
R3					
R4					

(5)销售总监岗位

①销售总监岗位相关数据填写可以参照表 5-35。

表 5-35 销售总监岗位数据填报说明表-1

项目	数量	订单收入	违约罚款	销售成本	产品库存数	库存价值
P1						
P2					当前的产品库存数量	当前库存产品的价值
P3						
P4						
P5						

注:表中的(【订单收入】—【违约罚款】)按产品并入"产品统计表"的产品【收入】项;表中的【销售成本】按产品并入"产品统计表"的产品【成本】项。

各项填写规则:【订单收入】按照表 5-36 的算法进行销售收入的计算汇总。

表 5-36 销售总监岗位数据填报说明表-2

销售操作	销售总额 (数量×单价)	违约金 (销售总额×违约比例)	销售收入计算
订单按期交货	订单总额	0	订单总额-0
订单违约交货	订单总额	订单总额×违约比例	订单总额×(1-违约比例)
订单违约取消	0	订单总额×违约比例	0-违约金
现货零售	产品出售总价	0	产品出售总价-0

②样表(表 5-37)。

表 5-37 销售总监岗位数据填报样表

项目	数量	订单收入	违约罚款	销售成本	产品库存数	库存价值
P1						
P2						
P3						
P4						
P5						

3)财务报表

财务报表在填制过程中根据全流程报表填制的数据基础和分岗位报表填制数据为基础进行填写,具体填写要求如表 5-38 所示(费用表、利润表和资产负债表)。

①费用表具体填写要求如表 5-38 所示。

表 5-38　费用表填报岗位一览表

序号	项目	期末数	填报岗位
1	管理费		财务
2	广告费		经理
3	设备维护费		财务
4	转产及技改		财务
5	租金		经理
6	市场准入投资		经理
7	产品研发		经理
8	ISO 资格投资		经理
9	信息费		经理
10	培训费		财务
11	基本工资		财务
12	费用合计		=本表 1—11 项之和

利润表具体填写要求如表 5-39 所示。

表 5-39　利润表填报岗位一览表

序号	项目	期末数	数据来源
1	销售收入		产品销售"收入"合计项
2	直接成本		产品生产"成本"合计项
3	毛利		=本表 1 项-2 项
4	综合费用		费用表"费用合计"项
5	折旧前利润		=本表 3 项-4 项
6	折旧		财务统计表
7	支付利息前利润		=本表 5 项-6 项
8	财务费用		财务统计表
9	营业外收支		财务、原料统计表
10	税前利润		=本表 7 项-8 项+9 项
11	所得税		财务统计表
12	净利润		=本表 10 项-11 项

资产负债表具体填制要求如表5-40所示。

表 5-40　资产负债表填报岗位一览表

序号	表项	年初数(上年期末数)	期末数
1	现金		财务统计
2	应收款		财务统计
3	在制品		生产统计
4	产成品		销售统计
5	原材料		采购统计
6	流动资产合计		=本栏1—5项之和
7	土地和建筑		经理统计
8	机器与设备		生产统计
9	在建工程		生产统计
10	固定资产合计		=本栏7项+8项+9项
11	资产总计		=本栏6项+10项
12	长期负债		财务统计
13	短期负债		财务统计
14	应付款		财务统计
15	应交税金		=本年利润表11项
16	负债合计		=本栏12项+13项+14项+15项
17	股东资本		财务统计
18	利润留存	*	*=本表年初18项+年初19项
19	本年利润	*	=本年利润表12项
20	权益合计		=本栏17项+18项+19项
21	负债+所有者权益总计		=本栏16项+20项

②费用表、利润表和资产负债表样表(表5-41—表5-43)。

表 5-41 费用表填报样表

序号	项目	期末数	填报岗位
1	管理费		
2	广告费		
3	设备维护费		
4	转产及技改		
5	租金		
6	市场准入投资		
7	产品研发		
8	ISO 资格投资		
9	信息费		
10	培训费		
11	基本工资		
12	费用合计		

表 5-42 利润表填报样表

序号	项目	期末数	数据来源
1	销售收入		
2	直接成本		
3	毛利		
4	综合费用		
5	折旧前利润		
6	折旧		
7	支付利息前利润		
8	财务费用		
9	营业外收支		
10	税前利润		
11	所得税		
12	净利润		

表 5-43 资产负债表填报样表

序号	表项	年初数(上年期末数)	期末数
1	现金		
2	应收款		
3	在制品		
4	产成品		
5	原材料		
6	流动资产合计		
7	土地和建筑		
8	机器与设备		
9	在建工程		
10	固定资产合计		
11	资产总计		
12	长期负债		
13	短期负债		
14	应付款		
15	应交税金		
16	负债合计		
17	股东资本		
18	利润留存		
19	本年利润		
20	权益合计		
21	负债+所有者权益总计		

附录 B ERP 实训报告形式

ERP 沙盘模拟实训报告

学生姓名		专业班级		学号	
模拟公司名称		模拟职位		指导老师	

一、在模拟企业中承担的主要角色及其职责

二、所在企业经营的成功与不足

三、对所在企业的贡献

四、实训的收获与感悟

五、实训报告成绩	

参考文献

［1］约创互联网沙盘教育平台配套资料.

［2］杨天中.ERP 沙盘模拟企业经营实训教程［M］.3 版.武汉:华中科技大学出版社,2021.

［3］刘洁,闾沛辰.ERP 沙盘模拟运营实训教程［M］.南京:南京大学出版社,2019.

［4］王泽鹏,彭庆武,郭黎.新编 ERP 沙盘模拟企业经营教程［M］.2 版.大连:大连理工大学出版社,2014.

［5］陈磊.战略成本管理［M］.北京:经济科学出版社,2020.

［6］黄钰昌,许定波.战略决策与激励［M］.北京:经济科学出版社,2020.